# 학교를 무엇으로 평가할 것인가

## 학교평가 실태 분석 및 제안

## 학교를 무엇으로 평가할 것인가
학교평가 실태 분석 및 제안

지은이  이정우

발 행  2017년 6월 9일
펴낸이  김진우 임종화
펴낸곳  좋은교사운동 출판부
출판등록번호  제2000-34호
주 소  서울특별시 관악구 남부순환로 218길 36, 4층
전 화  02-876-4078
이메일  admin@goodteacher.org

ISBN  978-89-91617-37-7  03370

www.goodteacher.org

좋은교사 연구실천 프로젝트 X

07

# 학교를 무엇으로 평가할 것인가

## 학교평가 실태 분석 및 제안

이정우

좋은교사

# 교육 난제는 현장 교사가 풉니다!

임진왜란 때 선조가 이순신에게 총공격을 명령했지만 이순신은 적의 유인 전략이라 판단하여 공격하지 않았던 일이 있습니다. 이로 인해 이순신은 관직을 박탈당했고, 대신 출정한 원균의 군대는 전멸하고 맙니다. 현장의 상황을 모르고 내린 결정이 얼마나 어처구니 없는 것인지를 보여주는 사례입니다.

"초등학교 사회 교과서는 대학생 교재보다 어렵습니다. 왜냐하면 그 많은 내용 요소를 압축적으로 구겨넣어 놓았기 때문이죠. 이런 교과서를 만든 사람이 한번 가르쳐보라고 하고 싶네요."

수업에서 학생들에게 배움의 기쁨을 누리게 하고 싶다는 것은 모든 교사들의 소망이지만 현장의 상황을 모르고 내려오는 교육과정과 각종 사업 등 수많은 장애물들이 우리의 발목을 붙잡고 있습니다.

"현장에 답이 있다"는 말을 많이 합니다만 교육정책을 좌우하는 관료, 교수, 정치인들은 현장 교사들의 목소리를 귀담아 듣지 않습니다. 이렇게 된 데에는 우리가 교육전문가로서의 교사의 역할을 적극적으로 찾지 못한 책임도 없지 않습니다.

이제 현장의 교육전문가인 우리 교사가 나서야 합니다. 우리 교육에는 수많은 난제가 산처럼 버티고 있습니다. 우공이산(愚公移山)의 결기로 우리 모두가 이와 씨름하는 일이 개미떼처럼 집단적으로 일어나야 합니다. 그러한 노력들이 격려되고, 공유되고, 확산될 때 우리 교육은 아래로부터 변화되어갈 것입니다. 이 과정은 교육전문가로서의 교사 성장에 큰 도전이 될 것입니다. 이를 통해 수동적 전달자가 아닌 능동적 연구실천가로 성장하게 될 것입니다.

좋은교사운동은 우리 교육의 난제를 현장 교사들의 힘으로 풀어나가는 프로젝트를 시작했습니다. 이름하여 "좋은교사 연구실천 프로젝트 X"입니다. X는 난제를 뜻합니다. 이제 X를 붙들고 고민한 결과가 세상에 모습을 드러냈습니다. 그 동안 바쁜 학교생활 가운데서도 시간을 쪼개어 문제와 씨름하는 노고를 감당하신 선생님과 멘토와 행정적인 모든 수고를 감당해주신 사무실의 간사님들과 연구위원장 조창완 선생님께 존경과 감사의 뜻을 전합니다.

- 2017.2.25. 좋은교사운동 공동대표 김진우

# ‖ 목 차

# 들어가며

이 책에 관심이 있다면 당신은 아마 교사일 가능성이 크다. 교사가 아닌 당신이 이 부분에 관심이 있는 것이라면 그 이유를 어디에서 찾아야 할지 모르겠다. '학교평가'가 중요하지 않다는 이야기는 아니다. 교사가 아니면 이해하기 쉽지 않은 부분이 있고, 교사 중에서도 소수의 사람들이 관심을 갖고 있는 영역이기 때문이다. 소수의 교사들이 지극히 작은 관심을 두고 있는 영역이지만 이를 통해 매년 학교에서 일어나는 변화들은 생각보다 많다. 긍정적인 면과 부정적인 면이 공존하지만, 이에 관심이 있는 분이라면 부정적인 측면 때문에 관심이 생겼을 가능성이 클 것이다.

사실 학교 현실에서 겪게 되는 문제(혹은 딜레마)들은 한두 가지가 아니다. 진부한 이야기처럼 들릴 수 있는 여러 사안들을 몇 십개도 넘게 나열할 수 있다. 그 많은 것들 중 왜 당신들은 '학교평가'에 대해 이야기하려는 하는가 라고 누군가 묻는다면 몇 가지 이유를 말할 수 있을 것 같다.

우리 교사들은 중요한 부분에 너무 관심이 적거나 혹은 가질 수 없는 상황 가운데 처해있다. 학교에서 본인의 업무나 수업을 제대로 준비하고 처리하기에도 시간이 녹록찮으니 이와 같은 사안에 대해 관심을 갖는다는 것은 일종의 사치다. 이에 저변을 넓히고 학교 평가가 가장 효과적으로 작동될 수 있는 방법을 고민하는 과정이 필요한데 이는 어느 한 분야에 있는 사람들에 의해서 이루어질 수 있는 것이 아니다. 교육의 이해관계가 얽혀있는 교육부, 교육청, 학교, 교사, 학생, 학부모들이 소통을 하는 것으로 시작해야 할 것이다. 하지만 학교평가에 대한 기존의 연구들은 대부분 교육부나 KEDI(한국교육개발원)을 통해 이루어졌다. 이러한 연구들이 나름의 의미가 있겠지만 아쉬운 것이 있었다. '왜 이런 연구결과나 계획들은 현장의 교사들이 생각하는 것과 많은 차이가 있을까'라는 점이었다.

그렇다. 이 글(연구)을 통해 앞으로 세워질 학교평가의 여러 계획과 흐름들이 현장성 있게 변화되기를 바란다.

현실이 담겨있지 못한 이론은 공허하다. 학교 현장에 대해 깊이 있는 이해가 없는 집단에 의해 그간 많은 교육정책들이 연구되고 시행되어 왔다. 교사들만으로 구성된 조직에 의한 교육정책 연구도 한계가 있지만 교사의 목소리가 배제된 연구는 위태롭고 위험하다.

교육의 각 사안에 대해 교사들의 목소리가 필요하다. 고무적인 것은 언젠가부터 교육학 서적의 베스트셀러 순위권 안에 연구자나 교수들의 책보다 현장의 교사에 의해 쓰인 책들이 서서히 많아져 간다는 것이다. 이것은 무엇을 시사하는가? 현실성이 없는 이상적인 이야기는 이제 너무 공허하여 교사들의 귀와 마음을 열 수 없는 시대가 됐다는 것이다.

필자가 학교평가에 관심을 갖기 시작한 것은 몇몇 경험들 때문이었다. 물론 좋은 기억은 아니다. 지금(2017년 초)은 학교평가를 통해 교육청에서 해당학교에 제공하는 인센티브나 페널티가 많이 사라져가는 상황이다. 수년 전만해도 학교평가를 통해 얻게 되는 인센티브가 제법 컸다. 학교 성과급과 연동된다던가, 해당학교의 특정 수의 교원에게 포상을 제공하거나, 상여금이 나가거나, 학교 종합감사를 받지 않아도 되는 등의 것들이 제공됐다. 이렇게 인센티브가 매력적일수록 학교평가는 학교 전반의 운영을 강제할 수 있는 기제로 작용했다.

이 글을 읽는 당신은 이런 생각을 할 수 있다. '아니 그렇게 부작용이 많으면 학교평가를 없애면 될 것 아니냐'고 말이다. 하지만 아쉽게도 그럴 수 없다. 학교평가는 초·중등교육법 9조를 근거로 이루어지고 있으니 이를 없애기 위해서는 법을 없애거나 바꿔야 한다. 하지만 이 법을 없애거나 바꿀 수 있는 명분도 없고 합의도 어려울 것이다. 그렇다면 가능한 부작용을 최소화하고 현실적으로 학교에 도움이 될 수 있는 방향으로 변화시켜야 하겠다.

학교는 교육기관이지만 일종의 관료조직이다. 이러한 특성 때문에 학교라는 집단을 평가하고자 할 때 문제가 생긴다. 관료조직은 효율성을 위해 모든 업무를 세분화하고 계량화해야 한다. 일종의 시장화다. 관료조직을 효율적으로 운영하기 위해서는 매우 당연한 것이다. 하지만 학교는 교육기관이므로 모든 행위를 계량화하여 그 투입(input)과 결과(output)를 측정하고 최소 투입에 최대 성과를 위한 수치화된 작업을 진행하려면 여러 문제에 봉착하게 된다. 교육의 성과를 무엇으로 규정할 것이냐 하는 것에서부터 합의를 이끌기가 쉽지 않다. 다만 학교마다 혹은 선생님마다 저마다의 교육철학 안에서 가장 중요시 여기는 부분에 대해 이야기할 수 있을 지도 모르겠다. 하지만 그 값에는 절대치가 있을 수 없으므로 이를 객관화하여 평가한다는 것은 그 자체가 어불성설이다. 또한 학교에서 교사 간 토론을 하는 경우도 거의 없지만 학교가 추구해야 할 교육적 가치에 대한 토의나 토론은 교직 10년째에 들어온 필자의 경험은 고사하고 들어본 적도 없는 이야기이다.

한 교육청 내에 소속되어 있는 학교는 보통 적게 잡아도 수백 개가 된다. 이 많은 학교를 동일한 평가지표를 통해 평가를 하고 이에 따라 결과를 내는 식의 운영은 시대를 역행하는 행위이며 학교를 단순한 관료조직으로 바라보는 것이다. 현 시대에 교육의 질 향상을 위해 우리가 시도할 수 있는 방법 중 획일화를 통해 이룰 수 있는 것들은 과연 무엇이 있을까? 이보다는 단위학교의 형편과 필요에 맞는 교육의 자율화를 이룰 수 있도록 교육청이 지원하는 방식이 더 필요하며 그 자율화에 맞게 책무성을 부여할 수 있는 방법을 고안해야 하겠다.

처음 이 연구를 시작하면서 여러 고민 지점이 있었다. 과연 어떤 방법으로 연구를 진행(이야기를 끌어 갈)할 것인가에 대한 부분이었다. 가장 큰 틀에서 결정해야 할 부분은 질적연구와 양적연구 중 어떤 것을 취할 것인가에 대한 것이었다. 질적 연구를 하면 17개 시도의 환경이 다르지만 각 지역과 학교 급에서 '학교평가'를 통해 발생되는 여러 양상에 대한 인터뷰와 사례분석이 필요했다. 여러 사례에 대한 이야기 중 교사들이나 학부모들이 관심을 가질 수 있는 부분에 대해서 이야기를 끌고 가면 연구방법은 더 힘든 부분이 있지만 독자가 읽기에 보다 흥미로운 글을 쓸 수가 있었을 것이다. 하지만 기본적으로 학교평가에 대한 일반 교사들의 인식수준이 매우 낮고 기본적인 이해가 적은 상황에서 사례에 대해 분석하는 것은 흥미로울 수 있지만 데이터로써의 의미는 적어질 수 있다는 우려가 있었다.

결과적으로 이 연구는 대부분 양적연구로 진행됐다. 통계를 통한 데이터를 다루는 부분은 적지만 교육청평가와 학교평가 사이의 관계를 분석하고 이를 각 교육청이 어떻게 활용하고 있는지 분석하는 연구로 진행됐다. 그리하여 큰 틀에서 교육부에서 교육청을 평가하고, 다시 교육청에서 학교를 평가하는 운영 방식이 갖고 있는 흐름을 짚어내기 위해 노력했다. 그 안에 있는 의미를 발견하고자 했다.
모쪼록 이 짧고 미천한 연구를 통하여 교육 관계자(학생, 학부모,

교사)가 학교를 어떻게 바라보고 평가할 것인지에 대한 고민을 함께 해 나갔으면 하는 바람이 있다. 당사자가 움직이지 않으면 사회는 변하지 않을 것이다. 변화의 시작은 관심을 갖고 함께 고민하는 것으로 시작할 것이다.

# I. 서론

## 1. 연구의 필요성 및 목적

교사는 각종 계획서와 보고서를 작성하며 1년을 보내게 된다. 각종 연구회 활동 결과 보고서, 수업연구대회, 연구학교 등 이런 저런 보고서 업무를 하다보면 1년도 그리 긴 시간은 아니다.

보고서의 목적은 다양하지만 그 기본적인 공통점은 어떤 집단이 실시한 행위의 성과를 문서화하는 작업이라는 것이다. 집단의 실적을 가시적으로 나타내는 것이기에 이로부터 자유롭기는 힘들다. 학교 역시 예외는 아니다.

학교가 그 실적에 얽매이는 이유는 간단하다. 이 실적에 대한 평가를 받기 때문이며 이 평가결과가 표면적이든 그렇지 않든 모종의 인센티브(혹은 페널티)를 제공하기 때문이다. 초·중등교육법 9조에는 '학교평가'에 대한 당위를 설명하고 있는데 이 요점은 이렇다. 학교경영의 효율화를 위해 평가를 실시한다는 것이다.

기본적으로 교육의 성과를 어떻게 나타날 수 있는가에 대한 논의는 교육이 시작된 이래 지금까지 끊임없이 이루어지고 있다. 분명한 것은 어떤 교육의 성과는 눈으로 보이는 것이 있을 수 있는 반면 눈에 보이지 않는 것들도 많다는 것이다. 또한 상당히 오랜 시간이 흘러야 나타날 수 있지만 이를 눈으로 확인하고 계량화한다는 것은 거의 불가능에 가까울 수도 있다는 것이다. 이러한 특성 때문에 학교평가에는 다소 애매한 부분이 생기게 된다. 평가라는 것은 객관적이어야 하며 공정하게 이루어져야 하는데 교육처럼 그 객관적 실체에 대해 말하기 어려운 것을 표준화된 평가로 실시한다는 것에서 예상치 못한 부작용이 발생하기 때문에 많은 숙고의 과정이 필요하다.

'학교평가' 역시 그렇다. 학교경영을 효율화 시킨다는 것은 긍정적인 면이 많아 보이는 평가의 목표이다. 하지만 실적을 만들어 내야하는 학교에서는 이를 위해 학교운영 계획이 매년 다른 모습으로 바뀌고 만다. 학교평가의 지표가 매년 바뀌기 때문이다.

교육부는 시도교육청평가를 통해 시도교육청의 자율과 책임성을 부여하고자 하고 있다. 시도교육청은 여러 교육적 목적을 위해 학교평가에 관련 항목을 구성하여 학교들이 시도교육청평가와 관련된 항목들을 잘 실천해내게끔 만들고 있다. 또한, 평가 항목이나 평가 내용 자체도 중요하지만 평가 결과를 어떻게 활용하는지에 따라 시도교육청이 학교를 향해 가지는 영향력(혹은 통제력)은 더 강력해지게 된다.

게다가 학교평가는 교육청이 의지만 있다면 자체평가로 운영할 수 있지만 성과급평가는 교육부가 공통지표 항목 및 자율지표 간의 비율을 결정하여 내려 보내기 때문에 교육부가 단위학교까지 영향력을 뻗칠 수 있는 좋은 수단이 되고 있다.

이번 연구를 통하여 현재 교육청평가와 학교평가가 어떠한 관계 속에 위치하는지 파악하고 이를 통해 앞으로 학교평가가 나아가야 할 방향에 대해 연구해 보고자 한다.

## Ⅱ. 이론적 배경

### 1. 선행연구

#### 가. 학교평가의 개념 및 목적

학교평가는 학교의 모든 구성 요소와 기능이 교육의 목적을 실현하는데 어느 정도 적합하며 효과적인가를 종합적·객관적으로 평가하는 일련의 활동이다. 학교평가는 학교의 교육적 가치를 종합적으로 판단하는 기능을 가지고 있을 뿐만 아니라, 평가의 결과가 학교교육의 질을 개선하기 위한 기초 자료로 활용될 수 있다는 점에서 교육에 종사하는 모든 사람들이 관심을 기울여야 할 중요한 과제의 하나이다.(이형옥, 1995:4)

학교평가는 학교단계별로 초·중등교육과 고등교육분야로 나누어 실시되고 있다. 우리나라의 경우 대학 평가가 먼저 이루어졌고 이어 초·중등학교에 대한 평가가 이루어졌다. 초·중등교육법 제9조 2

항에서는 학교평가의 목적을 '교육행정의 효율적 수행'으로 제시하고 있는데, 교육의 질 향상이 목적이 아니라 교육 행정의 효율적 수행이 목적으로 제시되어 있어 학교평가의 본질을 흐릴 우려가 있으나 교육행정의 개념을 '교육을 위한 행정'이라고 보는 입장에서는 교육 활동이 효율적으로 이루어지도록 인적·물적 조건을 정비하는 활동으로 볼 수 있다. 학교 효과성에 관한 연구는 1966년 콜만 보고서 이후 활발히 이루어졌으며 연구 결과를 통해 밝혀진 좋은 학교의 조건을 정택희(2004a:7)는 ①교장의 비전과 목적의 공유, ②교장의 전문적 리더십, ③학생에 대한 높은 기대, ④학습을 강조하는 학교의 전반적 분위기, ⑤쾌적한 학습 환경, ⑥교사~학생 간의 상호작용을 제시함으로써 학교의 활동이 어떤 방향으로 변화해야 하고 어떤 활동에 강조점을 두어야 할 것인가를 시사하고 있다. 따라서 학교평가는 좋은 학교의 사례를 분석하여 공통적인 특징을 제시함으로써 좋은 학교를 만드는데 그 목적이 있다.

## 나. 학교평가의 배경 및 추진 과정

초·중등학교에서 학교평가에 대한 본격적인 논의가 시작된 것은 1995년 5월 31일 교육개혁위원회가 「신교육체제 수립을 위한 교육개혁 방안」을 통해 교육개혁 과제의 하나로 학교평가제 도입을 제안한 이후부터이다. 그 취지는 학교 간 선의의 경쟁을 유도하고, 학부모와 학생 등 교육 수요자에게 학교선택과 진로선택에 필요한 자료 제공을 위하여 학교를 평가·공개하고, 평가 결과와 행·재정적

지원의 연계를 강화하여 교육기관의 책무성을 강조함으로서 교육의 질이 향상되도록 하자는 것이었다(정택희, 2004b:62).

임연기(2004:120-123)는 '학교평가의 성과와 과제'에서 우리나라의 학교평가를 해방이후 장학에 의한 학교평가기, 시범운영적인 학교자체평가기를 거쳐 외부 학교평가기로 분류하고 있다.

### 1) 장학에 의한 학교평가기(~1987)

초·중등학교에서 학교평가는 장학의 일환으로 시행되기 시작하였다. 8·15해방과 함께 미국의 민주적 장학을 도입하였으나, 일제 강점기의 감독적 성격이 강해 권위주의적 장학이 이루어져 '장악'이라고 불리기도 하였다. 장학에 의한 학교평가는 거의 모든 학교를 대상으로 연중 1회 1일간의 종합장학지도를 통해서 실시되었다.

### 2) 시범운영적인 학교자체평가기(1987~1995)

학교를 하나의 평가 단위로 보고 학교경영평가나 교육프로그램평가와의 개념 구분을 통해 학교평가의 개념을 정립하려는데 관심을 기울인 최초의 연구는 한국교육개발원이 1987-1988년 2년간 수행한 「학교자체평가 연구」이다. 이 연구는 교사, 학교행정가 등 학교 구성원이 주체가 되어 각자의 직무에 바탕을 두고 개발된 평가기준에 따라 개별평가, 환류평가, 협동평가 등의 방식을 활용하여 자체평가를 할 수 있는 평가편람을 개발하고, 전국의 11개 초·중학교에 시범 적용하였다. 이 연구를 통해 개발된 평가영역과 평가기준은 현재의 외부 학교평가에서도 부분적으로 활용되고 있다.

## 3) 외부 학교평가기(1995~)

교육개혁위원회는 「신교육체제 수립을 위한 교육개혁 방안 (1995.5.31)」에서 교육개혁 과제의 하나로 학교평가 시행 방안을 발표한 후, 1996년부터 교육부가 교육청평가를 실시하였다. 이어 시·도교육청 주관의 학교평가가 실시되어 평가 결과는 재정의 차등 지원과 연계되어 학교 현장에 여러 가지 영향을 미쳤다. 국가 수준 의 학교평가를 실시하게 된 법적 근거는 초·중등교육법 제9조 및 동법 시행령 11조, 12조, 13조 등에서 찾아 볼 수 있다.

---

### 초·중등교육법 제9조

제9조(학생·기관·학교평가)
① 교육부장관은 학교에 재학 중인 학생을 대상으로 학업성취도를 측 정하기 위한 평가를 할 수 있다. 〈개정 2013.3.23.〉
② 교육부장관은 교육행정을 효율적으로 수행하기 위하여 특별시·광역 시·특별자치시·도·특별자치도 교육청과 그 관할하는 학교를 평가할 수 있다. 〈개정 2013.3.23.〉
③ 교육감은 교육행정의 효율적 수행 및 학교 교육능력 향상을 위하여 그 관할하는 교육행정기관과 학교를 평가할 수 있다.
④ 제2항 및 제3항에 따른 평가의 대상·기준·절차 및 평가 결과의 공

---

개 등에 필요한 사항은 대통령령으로 정한다.

⑤ 평가 대상 기관의 장은 특별한 사유가 있는 경우가 아니면 제1항부터 제3항까지의 규정에 따른 평가를 받아야 한다.

⑥ 교육부장관은 교육감이 그 관할 구역에서 제3항에 따른 평가를 실시하려는 경우 필요한 지원을 할 수 있다. 〈개정 2013.3.23.〉 [전문개정 2012.3.21.]

---

## 초·중등교육법시행령 제11조, 제12조, 제13조

### 제11조(평가의 대상 구분)

① 법 제9조제2항에 따른 특별시·광역시·특별자치시·도 및 특별자치도(이하 "시·도"라 한다) 교육청에 대한 평가(이하 "시·도교육청평가"라 한다)는 지역별 교육여건 등의 차이를 고려하여 특별시·광역시·특별자치시 교육청과 도·특별자치도 교육청을 구분하여 실시할 수 있다. 〈개정 2013.2.15.〉

② 법 제9조 제2항 및 제3항에 따른 학교에 대한 평가(이하 "학교평가"라 한다)는 국·공·사립의 초등학교·중학교·고등학교 및 특수학교를 대상으로 하되, 학생 수, 지역의 실정 등 학교 특성에 따라 학교를 구분하여 평가할 수 있다. 〈개정 2013.2.15.〉

③ 법 제9조 제3항에 따른 교육감이 관할하는 교육행정기관에 대한 평가(이하 "교육지원청평가"라 한다)는 관할구역의 규모에 따라 교육지원청을 구분하여 실시할 수 있다. 〈신설 2013.2.15., 2014.6.11.〉 [전문개정 2011.3.18.] [제목개정 2013.2.15.]

### 제12조(평가의 기준)

① 시·도교육청평가 및 교육지원청평가는 다음 각 호의 사항을 기준으로 실시한다. 〈개정 2013.2.15., 2013.3.23., 2014.6.11.〉

1. 예산의 편성 및 운용
2. 학교 및 교육기관의 설치·운영
3. 학교 교육 지원 및 교육성과
4. 학생 및 교원의 교육 복지
5. 그밖에 지방자치단체의 교육행정에 관한 사항으로서 교육부장관 또는 교육감이 필요하다고 인정하는 사항

② 학교평가는 다음 각 호의 사항을 기준으로 실시한다. 〈개정 2013.2.15., 2013.3.23.〉

1. 교육과정 운영 및 교수·학습 방법
2. 교육 활동 및 교육성과
3. 그밖에 학교운영에 관한 사항으로서 교육부장관 또는 교육감이 필요하다고 인정하는 사항 [전문개정 2011.3.18.]

## 제13조(평가의 절차·공개 등)

① 교육부장관은 매 학년도 시작 전까지 시·도교육청평가에 관한 기본계획을 수립하고 이를 공표하여야 한다. 〈개정 2001.1.29., 2008.2.29., 2013.2.15., 2013.3.23.〉

② 교육감은 평가가 실시되는 해의 학년도가 시작되기 전까지 교육지원청평가 및 학교평가에 관한 기본계획을 수립하고 이를 공표하여야 한다. 〈개정 2013.2.15., 2014.6.11.〉

③ 시·도교육청평가, 교육지원청평가 및 학교평가는 법 제30조의4에 따른 교육정보시스템에 저장된 자료, 「교육관련기관의 정보공개에 관한 특례법」 제5조에 따른 공시정보 등을 이용한 정량(定量)평가의 방법으로 한다. 다만, 정량평가만으로 정확한 평가가 어렵다고 인정되는 경우에는 서면평가, 설문조사, 관계자 면담 등의 방법을 이용한 정성(定性)평가의 방법을 병행할 수 있다. 〈신설 2011.3.18., 2013.2.15., 2014.6.11.〉

④ 교육부장관 또는 교육감은 특히 필요하다고 인정하는 경우를 제외하고는 평가결과를 공개하여야 한다. 〈개정 2001.1.29., 2008.2.29., 2011.3.18., 2013.2.15., 2013.3.23.〉

⑤ 이 영에서 규정한 사항 외에 법 제9조 제2항에 따른 평가에 필요한 사항은 교육부장관이 정하고, 법 제9조제3항에 따른 평가에 필요한 사항은 교육감이 정한다. 〈개정 2013.2.15., 2013.3.23.〉

이러한 법령을 근간으로 1998년 '국민의 정부 100대 국정 과제'로 학교평가가 채택되어 1998~1999년도에는 학교평가체제 및 모형개발과 시범적용을 통하여 모형의 타당성을 검증하고, 1999년 교육부의 「교육발전 5개년계획 시안」을 통해 학교종합평가 실시 방안이 제시되었다. 2000년 한국교육개발원은 교육부로부터 '학교 시범평가 사업'을 위탁받아 1차 년도 시범 평가를 실시한 뒤 2001년 2차 년도 시범 평가 실시 후 2002년 48개교(초 10개교, 중 16개교, 인문계고 16개교, 실업계고 6개교), 2003년 100개교(초·중·고 각 32개교, 특목고 4개교)에 대해 설문 및 방문에 의한 학교평가를 실시하였다.

그러나 2004년부터 중앙 차원에서 모든 학교를 평가한다는 것은 인력과 예산 등 여러 면에서 무리가 따르고, 학교의 설립, 운영, 폐지의 권한과 책임을 가지고 있는 시도교육감이 이미 학교평가를 실시하고 있으므로 이중적으로 학교를 평가할 필요가 크지 않다는 정책적 결정에 따라, KEDI(한국교육개발원)에 의한 직접적인 학교평가는 중지하는 대신에 시도교육감이 실시하는 학교평가의 전문성을 높여줄 수 있는 방안에 대해 전문적인 연구와 개발 서비스를 제공하도록 그 역할이 조정되었다.

2004년 국가수준 학교평가 공통지표 매뉴얼이 제작된 이후 2010년 기존 1차 매뉴얼에 분야별 전문가 의견을 반영하여 수정되었다.

### 다. 학교평가와 평가지표

〈표 1〉은 교육부에서 시도교육청의 교육성과를 평가하기 위한 2015년과 2016년 시도교육청 학교평가 편람에서 평가영역 및 평가지표를 발췌하여 비교한 것이다. 이 평가지표에 따라 시도교육청을 평가한 결과 2015년 시 지역 우수교육청으로 **대구(1위)**, **대전(2위)**, **인천(3위)**[1]이 선정되었으며, 도 지역은 **충북(1위)**, **경북(2위)**, **제주(3위)**가 선정되었다.

2016년 평가에서도 큰 차이가 없이 시 지역 우수교육청에는 **대구(1위)**, **대전(2위)**이 선정되었으며, 도 지역 우수교육청에서는 순위만 바뀌었을 뿐 여전히 **경북(1위)**, **충북(2위)**이 차지했다. 또한 이러한 교육부의 평가 결과를 토대로 시도교육청에 특별교부금을 차등 지급하는데 그 내역은 〈표 2〉와 같다.

---

1) 출처 : 시도교육청평가편람, 2015/2016, 교육부

〈표 1〉 2015년, 2016년 시도교육청평가 영역 및 지표 비교

| 2015년 | | 2016년 | |
|---|---|---|---|
| 평가영역<br>(배점) | 평가지표(내용) | 평가영역<br>(배점) | 평가지표(내용) |
| 1.학교교육<br>내실화<br>(22점) | 1-1. 중학교 자유학기제<br>운영 | 1.학교교육<br>내실화<br>(22점) | 1-1. 중학교 자유학기제<br>운영 |
| | 1-2. 인성교육 중심 수업<br>강화 노력 | | 1-2. 인성교육 중심 수업<br>강화 노력 |
| | 1-3. 학교체육·예술교육<br>활성화 | | 1-3. 학교체육·예술교육<br>활성화 |
| | 1-4.기초학력미달학생비율<br>및 학업중단예방 | | 1-4.기초학력미달학생비율<br>및 학업중단예방 |
| | 1-5. 영재교육 활성화 | | 1-5. 영재교육 활성화 |
| 2.학교폭력<br>및<br>학생위험<br>제로환경<br>조성<br>(21점) | 2-1. 교육분야 안전관리<br>기반 구축 | 2.학교폭력<br>및<br>학생위험<br>제로환경<br>조성<br>(21점) | 2-1. 교육분야 안전관리<br>기반 구축 |
| | 2-2.현장중심 학교폭력예방<br>및 근절 | | 2-2.현장중심 학교폭력예방<br>및 근절 |
| | - | | 2-3. 학생 정신건강증진<br>및 자살예방 노력(신규) |
| 3.능력<br>중심사회<br>기반구축<br>(10점) | - | 3.능력<br>중심사회<br>기반구축<br>(11점) | 3-1.국가직무능력표준(NCS)<br>기반 교육과정 운영 |
| | 3-2. 직업교육 체제 강화 | | 3-2. 직업교육 체제 강화 |
| | 3-3. 진로탐색·진로설계<br>지원 | | 3-3. 진로탐색·진로설계<br>지원 |
| 4.교육비<br>부담경감<br>(13점) | 4-1. 사교육비 부담 완화 | 4.교육비<br>부담경감<br>(13점) | 4-1. 사교육비 부담 완화 |
| | 4-2. 유아교육비 부담 경감 | | 4-2. 유아교육비 부담 경감 |
| | 4-3. 방과후학교 활성화 및<br>초등방과후 돌봄 기능 강화 | | 4-3. 방과후학교 활성화 및<br>초등방과후 돌봄 기능 강화 |

| 2015년 | | 2016년 | |
|---|---|---|---|
| 평가영역<br>(배점) | 평가지표(내용) | 평가영역<br>(배점) | 평가지표(내용) |
| 5.교육<br>현장지원<br>역량강화<br>(11점) | 5-1. 일반고 교육역량<br>강화 | 5.교육<br>현장지원<br>역량강화<br>(10점) | 5-1. 일반고 교육역량<br>강화 |
| | 5-2. 지방교육<br>행재정효율화(별도 평가,<br>삭제) | | - |
| | 5-3. 농어촌학교 등<br>교육지원 강화 | | 5-2. 농어촌학교 등<br>교육지원 강화 |
| | 5-4. 장애인 의무고용 및<br>편의시설 지원 강화(격년<br>평가) | | 5-3. 장애인 의무고용 및<br>편의시설 지원 강화 |
| | 5-5. 교원연수 활성화 | | - |
| | 5-6. 교장공모제 추진 | | 5-4. 교장공모제 추진 |
| | 5-7. 교육청의 기간제교사<br>운영지원 활성화 | | 5-5.시·도교육청「정부3.0」구<br>현 |
| | 5-8.시·도교육청「정부3.0」구<br>현 | | 5-6. 교원의 교육 전념<br>만족도 |
| 6.교육<br>수요자<br>만족도<br>제고<br>(13점) | 6-1. 교육수요자 만족도<br>및 향상도 | 6.교육<br>수요자<br>만족도<br>제고<br>(13점) | 6-1.교육수요자만족도 |
| | 6-2. 청렴도 및 향상도 | | 6-2. 청렴도 및 향상도 |
| 7.교육청<br>특색사업<br>(10점) | 7. 교육청 특색사업 | 7.교육청<br>특색사업<br>(10점) | 7. 교육청 특색사업 |

- 출처 : 시도교육청평가편람, 2015/2016, 교육부

〈표 2〉 시도교육청평가 결과에 따른 특별교부금 차등 지원 내역 (단위:천원)

| 구분 | | 교부액 | | | |
|---|---|---|---|---|---|
| | | 2010 | 2011 | 2012 | 2013 |
| 시 지 역 | 서울 | 3,890,550 | 1,600,000 | 3,503,590 | 5,100,429 |
| | 부산 | 10,560,065 | 6,500,000 | 8,603,594 | 9,600,430 |
| | 대구 | 6,113,722 | 9,500,000 | 12,503,590 | 11,900,430 |
| | 인천 | 4,557,502 | 9,500,000 | 12,503,590 | 10,900,430 |
| | 광주 | 8,003,418 | 6,500,000 | 3,503,590 | 6,200,429 |
| | 대전 | 9,893,114 | 12,000,000 | 12,503,590 | 8,800,429 |
| | 울산 | 5,335,612 | 6,500,000 | 8,603,594 | 7,900,429 |
| | 세종 | – | – | – | 2,000,430 |
| 도 지 역 | 경기 | 3,890,550 | 1,601,356 | 3,703,590 | 7,100,429 |
| | 강원 | 6,113,722 | 4,503,813 | 3,703,590 | 5,100,429 |
| | 충북 | 10,448,906 | 10,508,897 | 12,703,590 | 10,100,430 |
| | 충남 | 8,670,369 | 13,011,015 | 12,703,590 | 11,400,430 |
| | 전북 | 4,446,343 | 1,601,356 | 3,703,590 | 6,100,429 |
| | 전남 | 5,002,136 | 7,506,355 | 3,703,590 | 8,200,429 |
| | 경북 | 10,893,540 | 13,011,015 | 12,703,590 | 12,200,430 |
| | 경남 | 6,113,722 | 7,506,355 | 9,003,596 | 9,100,429 |
| | 제주 | 7,225,308 | 7,506,355 | 12,703,590 | 10,700,430 |
| 계 | | 111,158,579 | 118,856,517 | 136,357,454 | 142,407,301 |

-출처 : "좋은교사" 2015년 10월호, '학교평가를 평가하다.' 발췌

전체 시도교육청에 교부된 특별교부금은 1424억 원(2013년 기준)에 달하며 도 지역을 기준으로 경북은 122억 원의 교부금을 배정받은데 반해 강원은 51억 원을 받아 그 차액의 규모가 71억 원으로 큰 차이가 난다. 시 지역도 마찬가지로 대구는 119억 원인데

비해 세종은 20억으로 그 차액의 규모가 6배에 달하는 등 그 영향력이 상당하다 할 수 있다. 이러한 교육부의 평가 항목을 토대로 시도교육청은 학교평가 항목을 선정하므로 초·중등교육법 제9조2항의 **교육 행정의 효율성 제고**와 제9조3항 **학교 교육능력 향상**이라는 목표에 얼마나 타당한 결과를 도출하는지와 학교 교육 능력 향상이라는 목표에 부합하는 평가 항목에는 어떠한 항목이 평가 타당성을 제고할 수 있는지에 대한 연구가 필요하다.

### 라. 학교평가 공통지표 체계

#### 1) 공통지표 구조 모형

학교교육은 교육계획, 실천, 결과관리라는 중심요소가 유기적, 상호 순환적 작용을 통하여 수행되는 시스템으로 정의하고, 계획기능은 다시 학교비전과 목적 설정기능과 실천전략, 기획, 기능으로 구분하였다.

아래 공통지표 선정을 위한 구조모형은 학교의 시스템적·경영적 특성을 반영하고 있다. 즉, 학교의 총체적 모습(school as whole)을 평가할 수 있도록 하였고, 학교행정을 단순히 지원 기능으로 보기보다는 경영적 기능을 강조하였다. 즉 학교가 스스로 하고자 한 것을 얼마나 잘 성취하였는가를 분석, 평가하고자 한다.

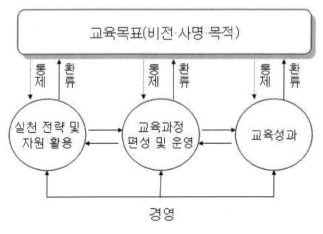

[그림 1] 공통지표 구조 모형

제시된 모형은 학교에서 일어나는 모든 활동과 그 결과는 학교교육목표(비전, 사명, 목적)에 의해 통제되어야 함을 강조하고 있다. 즉 모든 활동은 학교목표 달성에 기여할 수 있을 때 그 타당성이 확보되며, 교육의 결과도 일차적으로는 학교의 목표에 비추어 그 질적 수준이 판단되어야 함을 부각하여, 학교가 수행하는 활동의 책무성을 강조하고 있다.

이와 같이 교육목표의 통제 기능을 강조하지만 다른 한편으로는 이루어낸 교육의 결과를 학교목표에 환류하여 수정할 수 있도록 하고 있다.

그리고 이러한 활동을 전체적으로 결정하고 조정하고 이끌어나가는 기능을 경영으로 개념화하였다.

## 2) 접근

- 학교평가 공통지표는 기존의 국내외의 효과적인 학교연구 및 학교 재구조화 연구, 기타 평가 전문 기관에서 제시한 평가지표들에 대한 분석 결과를 토대로 개발하였다.
- 어떤 형태의 학교평가에서도 공통적으로 사용할 수 있는 지표들로 구성한다.
- 투입, 과정, 결과의 질을 모두 평가할 수 있는 지표체계를 유지한다.

## 3) 지표선정 기준

가) 내용적(content) 기준
- 학교교육의 질(투입, 과정, 결과)을 종합적으로 판단할 수 있는 지표
- 학교가 책무성 체제를 갖추는데 필요한 지표
- 학교의 시스템적 성격을 반영하는 지표
- 학교 혁신과 개선에 방향성을 줄 수 있는 지표
- 좋은 학교 특성에 대한 연구결과를 반영하는 지표
- 학교의 통제 가능한 변인에 해당하는 지표
- 일시적 자료 준비로 분석할 수 없는 지표

나) 기술적(technical) 기준

- 평가 증거 유형의 수를 최소화 함
- 결과증거 중심으로 판단할 수 있는 지표체계를 구성
- 질적 지표 중심으로 하되 질적 증거와 양적 증거를 모두 활용하여 판단할 수 있는 지표체계로 구성

〈표 3〉 학교평가 공통지표 전체 체계

| 평가영역 | 평가내용 | 평가지표 | 평가요소 |
|---|---|---|---|
| 학교 교육 목표 | 학교 교육목표 및 실천전략 | 1.학교교육목표가 적합하게 설정되어 있는가? | ○ 학생, 학부모, 지역사회의 특성 및 요구를 반영하고 있다.<br>○ 학생 및 학부모의 특성과 학교여건에 비추어 볼 때 실현 가능하다.<br>○ 학교교육목표가 구체적으로 제시되어 있다.<br>○ 학교교육목표에 대해 구성원 간 공감대가 형성되어 있다. |
| | | 2.학교교육목표를 달성하기 위한 구체적인 실천전략을 가지고 있는가? | ○ 학교 교육 활동 및 경영 활동이 학교교육목표 실현에 기여할 수 있도록 설계되었다.<br>○ 인적, 물적, 재정적 자원의 투입과 활용 계획이 학교교육목표 달성을 위해 적절하다.<br>○ 학교교육전략에 대해 학교구성원 간에 공감대가 형성되어 있다. |
| 교육 과정 및 방법 | 학생 이해의 노력 | 3. 학생들의 특성을 신뢰성 있고 타당하게 분석·활용하고 있는가? | ○ 지적 특성(지능, 사전성취수준, 학습양식 등)을 신뢰성 있고 타당한 방법으로 분석·활용하고 있다.<br>○ 정의적 특성(적성, 성격, 흥미, 진로성숙도, 교우관계 등)을 신뢰성 있고 타당한 방법으로 분석·활용하고 있다. |

| 평가영역 | 평가내용 | 평가지표 | 평가요소 |
|---|---|---|---|
| 교육과정 및 방법 | 교육과정 편성·운영 | | ○ 가정환경(물리적, 심리적 환경)을 신뢰성 있고 타당한 방법으로 분석·활용하고 있다. |
| | | 4. 교육과정의 편성·운영이 학교교육목표와 연계되어 있는가? | ○ 교육과정편성에 학교교육목표가 반영되어 있다.<br>○ 교육과정운영 계획에 학교교육목표가 반영되어 있다. |
| | | 5. 학생의 학습 능력에 맞게 교과교육과정을 재구성하여 가르치고 있는가? | ○ 교과 목표를 학생 능력과 특성에 맞게 재구성하여 가르친다.<br>○ 교과 내용을 학생 능력과 특성에 맞게 재구성하여 가르친다. |
| | | 6. 학교교육과정이 학생의 다양한 특기·적성 계발 및 진로성숙 요구를 충족할 수 있도록 편성·운영되고 있는가? | (전체)<br>○ 일반교과, 재량활동, 특별활동, 체험활동 등이 학생들의 다양한 특기·적성 계발 요구를 충족할 수 있도록 운영되고 있다.<br>(일반계열 고등학교)<br>○ 선택과목 개설 원칙이 합리적이다.<br>○ 학생의 선택 과목 요구를 잘 충족하고 있다.<br>(실업계열 고등학교)<br>○ 학과별 교과목이 학과의 특성에 맞도록 차별화 되어있다.<br>○ 학과별 교과목이 학과 특성에 비추어 볼 때 타당성을 가지고 있다. |
| | 교수-학습 활동 | 7. 교수 - 학습활동이 교과 특성과 학생 특성에 적합한 방식으로 이루어지고 있는가? | ○ 교수 - 학습활동이 교과 특성에 적합하다.<br>○ 교수 - 학습활동이 학생 특성에 적합하다. |

| 평가영역 | 평가내용 | 평가지표 | 평가요소 |
|---|---|---|---|
| | | 8. 교사가 교수 - 학습 활동 개선을 위한 연구개발 노력을 기울이고 있는가? | ○ 연구·개발을 통한 수업 방법 개선 사례가 창의적이고 독창적이다.<br>○ 수업방법 개선 사례가 학교가 당면한 교수 학습상의 문제를 해결하는데 기여하고 있다. |
| 교육성과 관리 | 교육의 성과 | 9. 학생이 학교교육목표를 달성하고 있는가? | ○ 학생이 학교교육목표를 달성하고 있다.<br>○ 학교가 학교교육목표 달성율을 연도별로 누적관리 하고 있다. |
| | | 10. 학생이 교과별 교육목표를 달성하고 있는가? | ○ 구체적인 교과성취목표가 제시되어 있다.<br>○ 교과별로 적합한 성취기준이 설정되어 있다.<br>○ 학생들의 교과별 목표 달성율이 증가하고 있다. |
| | | 11. 학생 및 학부모가 학교 교육에 만족하고 있는가? | ○ 학생이 학교 교육에 만족하고 있다.<br>○ 학부모가 학교교육에 만족하고 있다. |
| | 교육 성과에 대한 평가 | 12. 교육결과에 대한 평가가 타당하고 신뢰성 있게 이루어지고 있는가? | ○ 교육결과 측정 및 평가 방법에서 타당도, 신뢰도 등이 유지되었다<br>○ 학업성적관리(지필평가, 수행평가 등)가 공정하고 신뢰성 있게 이루어지고 있다<br>○ 평가결과 활용이 잘 이루어지고 있다. |
| | | 13. 학교가 학교 교육활동(투입·과정·결과) 및 자녀의 학교생활(학습수준. 적응도 등)을 학부모에게 알려주고 있는가? | ○ 알리는 방식이 다양하고 적합하다.<br>○ 알리는 내용이 자세하고 이해하기 쉽다. |

| 평가영역 | 평가내용 | 평가지표 | 평가요소 |
|---|---|---|---|
| 교육 경영 | 학교 구성원의 리더십 | 14. 학교구성원이 각자의 위치에서 리더십을 발휘하고 있는가? | ○ 교직원들이 학교장의 리더십에 대해 긍정적으로 평가하고 있다. ○ 학교장과 교사들이 교감의 리더십에 대해 긍정적으로 평가하고 있다. ○ 학교장과 교감이 교사들의 직무수행 리더십에 대해 긍정적으로 평가하고 있다. ○ 학교장, 교감, 교사들이 행정직원의 직무수행 리더십에 대해 긍정적으로 평가하고 있다. |
| | | 15. 학교가 변화와 혁신을 위하여 체계적인 노력을 기울이고 있는가? | ○ 학교가 중장기 혁신 계획을 가지고 있으며, 혁신 목표를 달성하고 있다. ○ 학교가 학교혁신을 위해 자체평가를 체계적으로 실시하고, 평가결과를 합리적으로 활용하고 있다. |
| | 교직원들의 전문적 공동체 구축 | 16. 학교 구성원들이 전문적 공동체 구축을 위한 노력을 기울이고 있는가? | ○ 학교 구성원들의 관심이 학생의 학습 증진에 집중되어 있다. ○ 교직 전문성 신장을 위한 학습조직이 활성화 되어 있다. ○ 협동적 문제해결 사례가 독창적이고, 학교 개선과 변화에 기여하고 있다. ○ 교수 활동의 공개 및 투명성이 높다. ○ 교육활동에 대한 반성과 점검이 체계적으로 이루어지고 있다. |
| | 교육활동 지원을 위한 | 17. 교사들이 교수 활동에 전념할 수 있는 여건이 조성되어 있는가? | ○ 학교가 적극적인 업무경감 노력을 통해 교사의 잡무를 경감하고 있다. |

| 평가영역 | 평가내용 | 평가지표 | 평가요소 |
|---|---|---|---|
| 교육 경영 | 행·재정 지원 | | ○ 학교가 교사 복지를 지원하는 시설과 제도를 운영하고 있다.<br>○ 교직원이 업무분장에 만족하고 있다. |
| | 학교운영 위원회 및 지역사회 와의 관계 | 18. 학교가 지역사회와 호혜적인 협력관계를 구축하고 있는가? | (학교운영위원회)<br>○ 학교운영위원회가 학교운영에 실질적으로 기여하고 있다.<br>(지역사회와의 관계)<br>○ 학교와 지역사회가 바람직한 협력관계를 구축하고 있다. |
| | 방과후 학교 운영 | 19.방과후학교가 질 높은 다양한 교육프로그램을 제공하고 있는가? | (방과후학교 운영)<br>○ 수요자의 요구와 필요를 조사하여 방과후학교 프로그램을 개발·개선하고 있다.<br>○ 지역사회의 다양한 인적·물적 자원을 효율적으로 활용하고 있다. |

-출처 : 교육인적자원부 수탁연구 CR 2008-5-1, 학교평가 공통지표 매뉴얼

# Ⅲ. 학교평가 실태 및 분석

## 1. 학교평가 운영 유형

학교평가를 실시하는 방법은 크게 4(A~D)가지 유형으로 분류할 수 있다. 분류하는 기준은 크게 두 가지인데 하나는 **외부평가와 자체평가**라는 기준이 있고, 다른 하나는 **공통지표와 선택(자율)지표**에 대한 기준으로 분류할 수 있다.

---

- A유형 : 공통지표, 모든 지표를 교육청에서 하달하며 모든 학교가 같은 지표로 평가 받음.
- B유형 : 공통지표 + 선택지표(교육청에서 하달한 지표 중 특정지표 선택)
- C유형 : 공통지표 + 자율지표(매뉴얼과 예시를 활용하여 학교에서 자체 수립)
- D유형 : 자체평가, 학교평가를 교육청에서 주도하지 않고 학교 내부적으로 실시함.

---

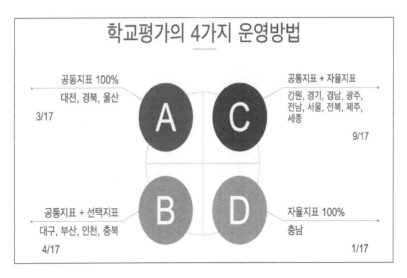

[그림 2] 학교평가 운영방법

## 가. A유형: 공통지표 100%, 외부평가
**[대전, 경북, 울산 (3/17시도)]**

A유형의 운영은 교육청에서 관내에 속해 있는 모든 학교에게(학교급별로 약간 차이가 있음) 동일한 지표를 제시하고 이를 통하여 학교평가가 이루어지는 방법이다. 이 운영방식의 장점은 학교에서 학교평가에 대한 깊이 있는 고민이 필요하지 않고 주어진 지표만 신경을 써서 학교를 경영하면 되기 때문에 상대적으로 시간적인 소모가 준다는 점이 있다. 불필요한 잡무가 생겨나지 않는 반면 획일적인 지표로 관내의 모든 학교를 평가하다보니 형평성 문제가 가장 빈번하게 일어날 수 있으며 다양한 환경에 노출되어 있는 여러 학

교의 운영을 획일화된 평가지표로 평가한다는 것에 대한 반감과 평가 타당성에 대한 문제가 쉽게 지적될 수 있다.

## 나. B유형: 공통지표 + 선택지표
### [대구, 부산, 인천, 충북 (4/17시도)]

B유형의 운영방식은 공통지표로 학교를 평가하되 공통지표 외의 영역에서는 다수의 지표를 제시하고 학교별로 필요한, 혹은 학교의 교육(경영) 철학과 부합되는 지표를 학교가 스스로 선택하여 이루어지는 방식이다. 예를 들어 한 영역에 평가지표를 10개 정도를 제시해 주고 이를 단위학교에서 추구하는 목표와 부합되는 지표를 6개 선정하여 평가를 하도록 하는 방법이다. 상대적으로 학교에 불필요한 업무를 늘리지 않으면서도 단위학교의 형편에 맞는 지표를 선택함으로써 A유형의 부작용으로 지적될 수 있는 획일적인 교육운영에 대한 대안을 제시할 수 있다. 단위학교에서 추구하는 교육철학과 부합하는 지표를 선택하여 그에 맞는 경영을 할 수 있게 되는 것이다. 하지만 이 방법은 다소 부족함이 있다. 그것은 선택지표를 선택할 수 있지만 지표의 기준은 선정할 수 없다는 데 있다. 교육청에서 제시해주는 지표마다 점수를 부여하는 기준이 있는데 이는 학교 여건에 따라 적절하다고 판단되는 학교가 있지만 그렇지 않은 학교도 있기 마련이기 때문이다.

## 다. C유형: 공통지표 + 자율지표

### [강원, 경기, 경남, 광주, 전남, 서울, 전북, 제주, 세종 (9/17시도)]

C유형은 공통지표를 주되 그 외의 지표는 영역별로 단위학교에서 자율적으로 개발하여 자체적 평가의 성격이 더 가미된 방법이다. 공통지표는 기본적으로 교육청에서 중점적으로 추구하는 교육방침이나 교육부에서 교육청을 상대로 실시하는 교육청평가에 어느정도 성과를 낼 수 있도록 학교에 강제하는 부분이 대부분이다. 그외의 지표는 학교에서 자율적으로 지표를 개발(평가 내용과 기준을 선정)하도록 하는 것이다.

이는 B유형에서 나올 수 있는 부작용에 대한 대안의 성격을 갖고있다. 같은 평가지표를 선택해도 그 기준이 학교의 여건에 따라 성과를 낼 수 있는 기준은 각기 다를 수밖에 없다. 그렇기 때문에 평가 기준 마저 단위학교에 맞게 목표를 설정할 수 있으므로 그 부작용을 좀 더 피할 수 있게 된다.

하지만 여기에서 다른 문제가 발생한다. 문제라고 표현하기는 애매한 부분이 있지만 기본적으로 학교에서 추구하는 교육철학과 방침에 대한 목표가 선명한 학교가 그리 많지는 않다. 이 C유형의 평가 방법이 내실 있게 운영되기 위해서 전제가 되어야 하는 것이 있는데 그것은 학교가 추구하는 교육철학과 방침이 선명해야 한다는 것이다. 이것이 분명해야만 단위학교가 원하고 강점이 될 평가지표를 개발할 수 있게 되는 것이다. 단위학교의 교육철학을 선명하게 해나가는 과정은 그리 쉬운 과정이 아니다. 학교 구성원들의 토론이 필요하고 지나온 교육활동에 대한 반성이 적극적으로 이루어져야 한다. 이러한 과정이 당위적으로 매우 필요하고 학교를 운영하는데 큰 힘을 줄 것을 대부분의 학교가 알고 있지만 현실은 그렇지 않다. 이러한 과정을 위해서는 많은 시간과 노력을 필요로 하며 이러한 것들은 또 다른 업무가 되어 현실적인 부담을 줄 수 있다.

따라서 현장의 교사들이 자율(자체)평가에 대한 인식의 준비가 없는 상황에서 C유형이 강행된다면 또 다른 부작용이 발생될 수도 있다.

## 라. D유형: 자율지표, 100% 자체평가
### [충남 (1/17시도)]

17개 시도 중 유일하게 모든 평가의 방침을 학교에서 자율적으로 운영하도록 하는 곳은 충남교육청이다. 관 주도로 이루어지는 학교평가는 존재하지 않는다. 학교마다 획일화된 교육에서 탈피하여 자율성을 갖고 학교를 운영시키고자 하는 충남교육청의 교육철학을 느낄 수 있는 대목이다.

D유형이 갖는 장단점은 너무나 극명하다. 학교의 자율성을 극대화하여 학교마다 형편과 철학에 맞는 교육경영을 할 수 있다는 점과 학교 구성원(교사, 학생, 학부모)의 인식에 따라 그 성패가 좌우된다는 한계점이 있다. 이와 함께 아전인수식의 평가가 성행하여 평가 무용론이 제기될 수 있다는 점을 배제할 수 없다.

그럼에도 불구하고 교육청평가에서 충청남도 교육청은 상위 4위도교육청에 속하는 성과를 내어 자율(자체)평가만으로 학교의 교육 자율성과 책무성을 부여하여 좋은 성과를 낼 수 있음을 증명하고 있다.

## 2. 교육청평가와 학교평가 지표 분석

〈표 4〉 교육청과 학교평가지표

| 평가영역 | 교육청평가지표<br>(반영지역 수) | 학교평가 반영지역(지표번호) |
|---|---|---|
| 1.<br>학교교육<br>내실화<br>(22점) | 1. 중학교 자유학기제 운영(5지역) | 경남(중-공통2-1), 대구(1.2), 부산(자율1), 전남(자율4), 충북(선택3-7-1) |
| | 2. 인성교육 중심 수업 강화 노력(10지역) | 경남(초-공통3-1), 경북(초중1.1), 대구(1.4,2.4), 대전(5.1.1), 부산(1.3), 세종(자율1-2), 울산(1.1,1.2), 인천(자율1-2), 전남(정성2), 충북(2-2) |
| | 3. 학교체육·예술교육 활성화(13지역) | 경기(4-4-2), 경북(초중1.7), 대구(1.5), 대전(3.3), 부산(3.2), 세종(자율1-8), 서울(5-2), 울산(1.5), 인천(자율1-4,1-5), 전남(1), 전북(1-8,3-6), 제주(1.4), 충북(3-2) |
| | 4. 기초학력 향상 노력 및 학업중단 예방(15지역) | 강원(공통3-1~3), 경기(4-4-1), 경북(초1.4, 3.2, 중3.1~3), 광주(3), 대구(1.7,8), 대전(3.2), 부산(3.1, 3.3), 세종(자율3-1~3), 서울((7-2), 울산(3.1, 3.2), 인천(자율3-1~2), 전남(6, 7), 전북(3-1, 3-4, 3-5), 충북(선택3-1), 제주(3.1, 3.2) |
| | 5. 영재교육활성화(3지역) | 대구(3.4), 대전(2.5), 부산(자율2) |

| 평가영역 | 교육청평가지표<br>(반영지역 수) | 학교평가 반영지역(지표번호) |
|---|---|---|
| 2.<br>학교폭력<br>및<br>학생위험<br>제로환경<br>조성<br>(21점) | 1. 교육분야 안전관리 기반 구축(13지역) | 경기(2-2), 경북(3.8), 대구(2.1), 대전(2.2), 부산(2.4), 세종(자율2-7), 서울(6-2), 울산(2.1, 3.4), 인천(자율3-7), 전남(8), 전북(1-5, 2-7), 충북(선택2-1), 제주(3.4) |
| | 2. 현장중심 학교폭력 예방 및 근절 노력(10지역) | 경기(2-1), 경남(초-자율14, 중-공통4-1, 자율10), 경북(초중고2.1), 대구(2.2), 부산(3.4), 세종(2-4), 서울(6-1), 인천(공통1-1, 3-4, 3-6), 전남(3), 제주(1.5) |
| | 3. 학생 정신건강증진 및 자살예방 노력(5지역) | 대구(3.5), 대전(2.4), 부산(3.4~6), 서울(6-3), 전남(11, 12) |
| 3.<br>능력중심<br>사회<br>기반구축<br>(11점) | 1. NCS기반 교육과정 운영(12지역) | 강원(공통2.1), 경북(초중고2.2), 대구(3.7), 대전(2.1), 부산(2.5), 세종(2-1), 서울(3-3-1), 울산(2.2), 인천(자율2-1), 전남(4), 전북(2-1), 충북(3-7-3) |
| | 2. 직업교육 체제 강화(8지역) | 경남(중-선택15, 16, 18), 세종(자율2-3), 서울(9-1), 인천(3-11), 울산(3.5), 전남(10), 전북(3-3), 제주(3.5) |
| | 3. 진로탐색·진로설계 지원(10지역) | 경남(중-자율13, 14), 경북(중고3.5), 대전(3.4), 부산(2.3), 세종(자율2-3), 서울(2-2), 울산(2.4), 인천(자율1-3), 전북(2-4, 3-9), 제주(2.2) |
| 4.<br>교육비<br>부담 경감<br>(13점) | 1. 사교육비 부담 완화(3지역) | 대구(2.9), 대전(5.1.2), 전남(선택6) |
| | 2. 유아교육비 부담 경감 | |
| | 3. 방과후학교 활성화 및 초등 방과후 돌봄 기능 강화(10지역) | 경북(초중1.6), 대구(2.5), 대전(1.3, 3.6), 부산(1.5), 세종(자율1-5~6), 울산(1.4, 3.7), 인천(자율1-6, 3-10), 전북(1-2), 제주(1.1, 1.2), 충북(선택2-2) |

| 평가영역 | 교육청평가지표<br>(반영지역 수) | 학교평가 반영지역(지표번호) |
|---|---|---|
| 5.<br>교육현장<br>지원역량<br>강화<br>(10점) | 1. 일반고 교육역량 강화<br>(5지역) | 대구(1.3), 부산(자율1), 울산(1.7), 전남(자율6-1), 충북(선택3-7-2) |
| | 2. 농어촌 교육지원 강화 | |
| | 3. 장애인 의무고용 및<br>편의시설 지원 강화(2지역) | 대구(3.6), 인천(자율2-4) |
| | 4. 교장공모제 추진 | |
| | 5. 시·도교육청<br>「정부3.0」구현 | |
| | 6. 교원의 교육전념 만족<br>도(6지역) | 경남(초-공통-4-1, 중-공통5-1, 자율20),<br>부산(자율2), 서울(1-2), 전남(5), 전북<br>(4-5), 충북(공통2-1, 2-2) |
| 6.<br>교육수요자<br>만족도<br>제고<br>(13점) | 1. 교육수요자 만족도(11<br>지역) | 강원(공통4-1~4), 경기, 경북(4.1), 광주, 대<br>구(4), 세종(공통5-1~3), 서울(8), 울산<br>(4.1), 인천(자율3-9), 전남(11), 충북(4-1) |
| | 2. 청렴도 및 향상도(3지<br>역) | 대전(2.3), 세종(자율2-8), 인천(공통4-2) |
| 7.<br>시도교육청<br>특색사업<br>(10점) | 1. 교육청 특색사업(3지<br>역) | 대구(3.9), 대전(1.4), 전북(4.1~4.5) |
| 8.<br>감점사항 | 1. 우수 교육정책 추진<br>등 (가점) | |
| | 2. 기관장 비리 등 사회<br>적 물의를 일으킨 사건<br>등 (감점) | |

모든 교육청은 교육청평가의 영향을 받게 된다. 교육청평가에 따라 교육부에서 내려오는 교부금의 규모가 결정되기 때문이다. 위의 표는 교육청평가 지표별로 지역 교육청에서 얼마나 같은 지표를 활용하여 학교를 평가하고 있는지 알 수 있게 하는 표이다. 또한 얼마나 많은 지표가 겹치게 되는지를 통해 각 교육청이 학교평가를 통해 교육청평가를 잘 받게 하는 수단으로 사용하고 있는지 어느 정도 분석할 수 있다.

또한 교육청평가 지표 중 많은 시도가 필수적으로 학교평가 지표로 선정한 것들이 있다. '기초학력 향상 노력 및 학업 중단 예방'에 대한 지표를 15개 지역에서, '학교체육·예술교육활성화'와 '교육분야 안전관리 기반 구축'에 대한 지표는 13개 지역에서, 'NCS기반 교육과정 운영'에 대한 지표를 12개 지역 교육청에서 학교평가 지표로 선정하고 있었다. 이 밖에 각각 10지역에서 선정된 지표로 '인성교육중심 수업', '진로탐색', '방과후 활성화 및 돌봄', '일반고 교육역량 강화'가 있다. 이는 최근 정부에서 중점을 둔 교육방침이 무엇인지 파악하는데 도움을 주게 된다.

시도별로 봤을 때 10개 이상의 지표를 교육청평가와 학교평가에 연계하여 선정한 지역은 대구(14), 부산(13), 전남(13), 대전(12), 인천(11), 세종(11), 충북(10), 서울(10)이 있다. 이 중 평가 유형이 A, B유형에 속하는 곳은 **학교평가가 교육청평가를 잘 받기 위해 수단화되어 가는 것은 아닌지 점검**해 볼 필요도 있겠다.

# 3. 평가 영역과 교육철학

<표 5> 교육청평가영역

| 순 | 지역 | 평가영역 | | | | |
|---|---|---|---|---|---|---|
| 1 | 강원 | 교육과정 및 교수학습 | 교육운영 | 교육성과 | 만족도 | |
| 2 | 경기 | 참여와 소통의 자치공동체 | 존중과 배려의 생활공동체 | 개방과 협력의 학습공동체 | 창의적 교육과정 운영 | |
| 3 | 경남 | 민주시민 육성과 행복교육의 이해 '교육철학' | 배움중심 수업실천 '교수학습' | 폭력없는 공감교육 '교육활동' | 행정업무 간소화 '학교자율 운영' | 민주적인 학교운영 '학교자율 운영' |
| 4 | 경북 | 교육과정 및 교수학습 | 교육활동 | 교육성과 | 만족도 | |
| 5 | 광주 | 교육과정 및 교수학습 | 교육운영 | 교육성과 | 만족도 | |
| 6 | 대구 | 교육과정 및 교수학습 | 교육경영 | 교육성과 | 만족도 | |
| 7 | 대전 | 교육과정 및 교수학습 | 교육경영 | 교육성과 | 가산점 | |
| 8 | 부산 | 교육과정 및 교수학습 | 교육경영 | 교육성과 | | |

| 순 | 지역 | 평가영역 | | | | |
|----|------|---------|---|---|---|---|
| 9 | 세종 | 민주적 학교운영체제 | 전문적 학습공동체 | 자율과 협력의 생활공동체 | 미래형 창의적 교육과정 | 만족도 |
| 10 | 서울 | 서울교육 비전 | 교육과정 및 교수학습 평가 | 교육활동 및 교육성과 | | |
| 11 | 울산 | 교육과정 및 교수학습 | 교육경영 | 교육성과 | 만족도 | |
| 12 | 인천 | 안전하고 평화로운 학교 | 창의 공감교육 | 모두에게 따뜻한 교육복지 | 공정하고 투명한 교육행정 | 〈공통지표〉 |
| | | 교육과정운영 및 교수학습 방법 | 교육경영 | 교육성과 | | 〈선택지표〉 |
| 13 | 전남 | 교육과정운영 및 교수학습 방법 | 교육활동 | 교육성과 | 만족도 | |
| 14 | 전북 | 교육과정 및 교수학습 | 교육경영 | 교육성과 | 전북교육 정책 | 자율영역 |
| 15 | 제주 | 교육과정 및 교수학습 | 교육경영 | 교육성과 | | |
| 16 | 충남 | 100% 자체평가 | | | | |
| 17 | 충북 | 민주적인 학교문화 조성 | 교육활동 중심의 학교 시스템 구축 | 창의적인 교육과정 운영 | 학교교육 만족도 | |

각 시도별로 학교평가를 하는 영역은 크게 3~5가지로 분류된다. 가장 일반적인 구성은 교육과정 및 교수학습 - 교육경영(운영, 활동) - 교육성과(특색사업) - 만족도의 4가지 영역에 대한 것이다. 대동소이한 차이로 강원, 경북, 광주, 대구, 대전, 부산, 서울, 울산, 전남, 전북, 제주로 충남을 제외한 16개 시·도 중 11개 시도가 이러한 영역에서 평가를 진행하고 있다. 영역별로 세세한 지표가 다르기 때문에 평가 영역만을 가지고 유의미한 결과를 도출하는 것은 쉽지 않다. 하지만 이 11개 외의 5개의 시도에서 사용하는 평가 영역에 대한 용어를 분석한다면 해당 교육청에서 추구하고자 하는 교육철학 및 운영 방침을 엿볼 수 있게 된다. 11개 시도가 사용하는 기본적인 구분 방법은 초·중등교육법 9조에 나오는 학교평가 내용에 대한 부분을 토대로 사용하였기에 이것을 문제 삼을 수 있는 것은 아니다. 또한 전국의 여러 시도가 같은 영역으로 평가를 진행할 때 결과 값을 분석하여 유의미한 것을 도출하는 데 유용할 수 있다. 반면 획일화된 교육운영의 반증으로 비춰질 수 있으며 해당 교육청이 추구하는 교육철학을 파악하기 어렵다는 한계점이 지적될 수 있다.

## 가. 경기

공동체를 강조한다. 평가 영역의 용어에서 알 수 있듯이 '자치공동체', '생활공동체', '학습공동체'라는 용어를 사용하여 교육 철학을 뚜렷하게 명시하고 있다. 현 사회에서 공동체가 붕괴되어 가고 있다는 진단을 어렵지 않게 듣게 되는데 이에 대안의 성격으로 판단할 수 있다. 또한 최근 교육을 통해 과열되는 경쟁과 입시문제에 의해 파괴되어가는 공동체를 회복하여 협업과 협력의 교육 가치를 추구하고 있음을 알 수 있다.

### 나. 경남

경남은 학생들의 배움 중심을 통한 행복교육을 추구하고 있으며 이를 통해 궁극의 목적은 민주시민 육성과 연결되어 있음을 파악할 수 있다. 또한 교원의 복지 및 교육활동에 전념할 수 있는 학교 여건을 만들기 위한 노력이 용어 안에 녹아 있다.

### 다. 세종

경기와 경남교육청의 중간 정도로 분석할 수 있다. 공동체성을 강조하면서도 민주적 학교운영에 중점을 두고 학교를 평가하고 있으며 이러한 운영의 결과로 학교 구성원의 만족도가 올라가며 미래에 필요한 창의적 인재를 육성하고자 하는 교육청의 비전을 파악할 수 있다.

### 라. 인천

교육 복지에 관심을 갖고 있음을 알 수 있다. 빈익빈 부익부의 양극단 사회로 표현되는 현 사회의 문제점을 직시하고 이에 대한 대안이 학교에서부터 시작되어야 함을 보여주고 있다. 교육 복지는 누구나 차별 없이 자신이 원하는 만큼 교육을 받을 수 있고 이를 통해 평화롭고 안전한 학교 생태계를 만들어 이 안에서 학생들의 교육활동이 이루어질 때 창의성이 발휘될 수 있으며 서로 공감할 수 있다는 철학이 숨겨져 있다.

## 마. 충북

충북교육청은 개개인의 역량이전에 교육환경과 시스템을 보다 민주적으로 확보하고자 하는 노력이 엿보인다. 민주적인 학교문화를 조성하고 내실 있는 교육활동 중심의 학교 시스템을 구축하여 이를 통한 창의적인 교육과 구성원들이 만족할 수 있는 교육경영을 추구하고 있다. 거시적인 관점에서의 교육적 접근이라고 할 수 있다.

# 4. 학교평가 지표 키워드 분석

〈표 6〉 학교평가 지표 키워드

| 키워드<br>(지표개수) | 지표 | 시·도 |
|---|---|---|
| 진로·<br>직업·<br>산학협력<br>(30개) | 12. 학생들의 꿈과 끼를 키우기 위한 교육활동으로 균형 있는 인성을 기르고 있는가? | 경남초 |
| | 13. 건전한 진로지도 프로그램을 운영하고 학생의 적성에 맞게 진학지도를 하고 있는가? | 경남중고 |
| | 14. 학생의 장애정도를 고려한 진학지도 프로그램을 운영하고 맞춤형 진로직업교육을 실시하고 있는가? | 경남특수 |
| | 3.5. 진로진학교육성과 | 경북중고 |
| | 7. 진로탐색·진로설계 지원 | 대구초선택<br>중고필수 특수선택 |
| | 3.4. 직업인 초청활용현황·학부모 진로코치양성비율 | 대전초중고 |
| | 2.3. 진로교육 활성화 추진 실적 | 부산초중고 |
| | 2.3. 진로·직업교육 활성화 | 부산특수 |
| | 2-2. 진로 맞춤형 교육과정 운영 | 서울초중고특수 |
| | 2.4. 진로교육 실적 | 울산중고 |
| | 진로교육 활성화 | 인천중고 |
| | 10. 진로 및 직업교육의 실적 | 전남초중고특수 |
| | 2-4. 진로 및 직업교육 실적 | 전북초중고특수 |
| | 3-9. 진로직업교육 프로그램 수혜율 | 전북특수 |
| | Ⅱ-3-3. 꿈을 찾고 끼를 살리는 진로·직업 교육 | 충북초중고특 |
| | 15. 전문교육의 목표에 따라 건전한 직업인 양성에 노력하고 있는가? | 경남특성화고 |

| 키워드<br>(지표개수) | 지표 | 시·도 |
|---|---|---|
| 진로·<br>직업·<br>산학협력<br>(31개) | 16. 자립적이고 건전한 직업인 양성을 위해 노력하고 있는가? | 경남중고특 |
| | 18. 직업기술교육 운영 프로그램의 적절성 및 운영이 충실하게 이루어지고 있는가? | 경남특성화고 |
| | 6. 직업교육 체제 강화 | 대구일반고선택<br>특성화고필수 |
| | 9-1. 직업교육 내실화 / 9-2. 취업교육 활성화 | 서울특성화고 |
| | 3.5. 직업교육성과 | 울산특성화고 |
| | 현장직업실습 활성화 노력 | 인천특수 |
| | 직업 교육 충실도 | 인천특성화고 |
| | 10. 직업교육성과 | 전남특성화고 |
| | 3-3. 직업교육성과 | 전북특성화고 |
| | 2.3. 직업기술교육 운영 세부 프로그램의 적절성 및 운영의 충실도 | 부산특성화고 |
| | 17. 산학 간 협력 체제 구축 및 운영이 적절하게 되어 있는가? | 경남특성화고 |
| | 3.12. 산학협력 실적 | 경북특성화고 |
| | 1.6. 특수학교의 산학연계 교육활동 참여율 | 대전특수 |
| | 2.4. 산학관 협력 체제 구축 및 운영의 적절성 | 부산특성화고 |
| 교육과정<br>(30개) | 4-1. 교육과정 운영의 정상화 | 경기 |
| | 4-2. 교육과정 운영의 다양화 | 경기 |
| | 4-3. 학생성장을 돕는 교육과정 실천 | 경기 |
| | 4-4. 교육과정 운영의 책무성 제고 | 경기 |
| | 6. 학교교육과정은 학교실정에 알맞은 구체적 실행방안을 설정하여 특색 있게 편성되어 있는가? | 경남초자율 |

| 키워드<br>(지표개수) | 지표 | 시·도 |
|---|---|---|
| | 7. 학교교육과정은 교육공동체가 공감하는 배움 중심 교육으로 효과성 있게 운영되고 있는가? | 경남초자율 |
| | 2. 학교구성원의 집단지성을 기르기 위해 학교교육과정을 재구성하여 운영하고 있는가? | 경남중자율 |
| | 3. 자율적이고 특색 있는 교육과정을 편성하고 충실하게 운영하고 있는가? | 경남중자율 |
| | 2-1. 학생 배움 중심 수업이 이루어지고 있는가? | 경남행복학교 |
| | 2-2. 배움 중심의 다양한 학교교육과정이 운영되고 있는가? | 경남행복학교 |
| | 1.13. 전문교과 교육과정 운영 | 경북특성화고 |
| | 1. 교육과정 운영 평가 환류 | 광주초중고특공통 |
| | Ⅰ. 교육과정 및 교수·학습 | 광주자체필수 |
| | 1. 학습자 중심 창의적 교육과정 편성·운영 | 대구초중일반고특 |
| | 1.1. 학교 교육과정 편성·운영의 적절성 | 부산초중고 |
| | 1.1. 특성화 교육과정의 편성·운영 실적 | 부산특성화고 |
| | 1.1. 학교 교육과정 편성·운영의 적절성 | 부산특수 |
| | 2-1. 특색있는 교육과정 편성·운영 | 서울초중고특 |
| | 9-1-1. 교육과정 재구성 노력 | 서울특목고 |
| | 4-1. 교육과정 편성·운영의 적절성 | 세종초중고 |
| | 4-2. 학생의 성장과 발달을 돕는 교육과정 평가 및 활용 노력 | 세종초중고 |
| | 2-1. 창의공감 교육과정 편성 및 운영 충실도 | 울산 |
| | 교과교육과정 재구성 | 인천초중일반고특 |
| | 1. 특색있는 교육과정 편성·운영 충실도 | 전남초중고특 |

| 키워드<br>(지표개수) | 지표 | 시·도 |
|---|---|---|
| 교육과정<br>(30개) | 1-3. 단위학교의 특색있는 교육과정 편성·운영 실적 | 전북초중고특 |
| | Ⅰ-3-1. 자율적이고 특색 있는 교육활동 | 충북초중고특 |
| | Ⅰ-3-2. 배움중심수업과 성장중심 평가 | 충북초중고특 |
| | 3. 일반고 교육역량 강화 | 대구일반고 |
| | Ⅱ-3-7-2. 일반고 역량 강화 | 충북일반고 |
| | Ⅱ-3-7-3. NCS(국가직무능력표준) 기반 교육과정 운영 | 충북특성화고 |
| 안전 및<br>학교폭력<br>(20개) | 2-2. 안전한 학교 만들기와 자율적 규범 세우기<br>2-2-1. 안전사고, 학교폭력, 선도처분 발생 빈도 축소 노력<br>㉠ 안전사고 축소 노력 ㉡ 학교폭력 축소 노력 | 경기 |
| | 14. 안전한 학교가 되기 위한 구체적인 방안이 마련되어 있으며 학교폭력을 예방할 수 있는 조치가 되어 있는가?<br>11. 안전하고 건강한 교육환경을 조성하기 위해 노력하고 있는가? | 경남초/중고특 |
| | 3.8. 학교생활 안전 교육 실적 | 경북초중고특 |
| | 1. 교육 분야 안전관리 기반 구축<br>2. 현장 중심 학교폭력 예방 및 근절 | 대구초중고특 |
| | 2.2. 교직원 안전관련 전문교육 이수율 | 대전초중고특 |
| | 2.4. 교직원 안전교육 연수 강화 및 학교안전사고 예방 노력 | 부산초중고특 |
| | 6-1. 학교폭력 예방 및 근절 노력 | 서울초중고특 |
| | 6-2. 안전한 학교 환경 조성 | 서울초중고특 |
| | 2.1. 7대 안전교육 표준안 교육 운영 실적 | 울산초중고특 |

| 키워드<br>(지표개수) | 지표 | 시·도 |
|---|---|---|
| | 3.4. 학교생활 안전환경 조성의 충실도 | 울산초중고특 |
| | 1-1. 안전한 학교 | 울산초중고특 |
| | 학생 안전 기반 구축 | 인천초중고특 |
| | 8. 학교생활 안전 환경 조성의 충실도 | 전남초중고 |
| | 1-5. 학생안전교육 수업실시율 | 전북초중고특 |
| | 2-7. 교직원 안전관련 전문교육 이수실적 | 전북초중고특 |
| | 4-4. 생애주기별 체험중심 학생안전교육 | 전북초중고특 |
| | II-2-1. 안전한 학교 환경 조성 | 충북초중고특 |
| | 학교폭력 예방교육 운영 실적 | 인천초중고특 |
| | 3. 학생중심 학교폭력 예방프로그램 운영 | 전남초중고특 |
| | 3.4. 학교폭력 예방 교육 실시율 | 부산초중고 |
| 기초학력<br>미달<br>(17개) | 3.1. 기초학력 미달 학생 비율 | 강원중일반고 |
| | 4-4-1. 학습부진 해소 노력 | 경기 |
| | 9. 적절한 수업방법의 적용으로 학생의 기초학력을 신장시키고 있는가? | 경남초 |
| | 3. 배움중심 수업으로 학생의 배움과 성장이 이루어지고 있는가?<br>(3-1. 새로운 수업 방법 적용으로 학교 현장에서 학생 중심 수업이 이루어지고 기초학력이 신장되고 있다.) | 경남중고특수 |
| | 1.4. 기초학력 향상 지원의 충실도 | 경북초 |
| | 3.1. 기초학력 미달 학생 비율 | 경북중 |
| | 3.1. 기초학력 미달 학생 비율 및 향상도 | 경북일반고 |
| | 7. 기초학력 향상 노력도 | 대구초공통 |

| 키워드<br>(지표개수) | 지표 | 시·도 |
|---|---|---|
| 기초학력<br>미달<br>(17개) | 8. 기초학력 미달 학생 비율 및 학업중단 예방 | 대구초선택<br>중고공통 |
| | 3.1. 기초학력 미달 학생 비율 및 변화도 | 부산초중고 |
| | 7-2-1. 기초학력 미달 학생 감소 노력 | 서울중고 |
| | 3.1. 기초학력 미달 학생 비율 | 울산중고 |
| | 3-2. 교육취약 학생의 교육복지 지원<br>(취약계층 학생의 학교 적응력과 정서적 안정, 기초학력 향상을 위해 교육활동비 지원 및 교육프로그램이 운영되고 있다.) | 울산초중고특수 |
| | 기초학력 미달 학생 비율 및 증감률 | 인천중일반고 |
| | 6. 기초학력 미달 학생 비율 및 증감률 | 전남중일반고 |
| | 3-1. 기초학력 미달 학생 비율 | 전북중일반고 |
| | Ⅱ-3-1. 기초학력 향상 | 충북초중고 |
| 학부모 및<br>지역사회<br>(17개) | 4.2. 학부모의 학교 만족도 | 강원 |
| | 1-4-1. 지역사회 학교 구축 노력 | 경기도 |
| | 6. 학교교육과정은 학교실정에 알맞은 구체적 실행방안을 설정하여 특색 있게 편성되어 있는가? | 경남초자율 |
| | 4-2. 학교 운영에 학부모의 참여 및 협력적 관계를 유지하고 있는가? | 경남행복학교선택 |
| | 4-3. 지역사회 협력네트워크를 구축하여 협력적 관계를 유지하고 있는가? | 경남행복학교선택 |
| | 1.11. 학생 학부모 상담 실적 | 경북초중고특 |
| | 4.1.~4.3. 학생, 학부모, 교원의 만족도 | 경북초중고특 |
| | 3. 학부모 자녀교육 역량강화 운영 실적(★) | 대구초중고특<br>(가중치2배) |

| 키워드<br>(지표개수) | 지표 | 시·도 |
|---|---|---|
| | 8-1. 학교 구성원의 만족도 | 서울초중고특 |
| | 3-3. 학부모 자치활동 및 동아리활동 참여도 | 세종초중고 |
| | 5-2. 학부모의 학교만족도 | 세종초중고 |
| | 학부모 만족도 및 참여율 | 인천초중고특 |
| | 11. 학교만족도(학생·학부모·교원) | 전남초중고특 |
| | Ⅰ-4-1. 학교교육 만족도(학생·학부모·교직원설문) | 충북초중고특 |
| | Ⅱ-2-4. 학부모, 지역사회와의 교육협력 | 충북초중고특 |
| | 7-1-2. 지역사회 연계 교육 | 서울초중고 |
| | 9-2. 사회통합을 위한 지역사회 연계 프로그램 운영 | 서울특 |
| 민주적<br>(13개) | 1-2. 역동적이고 민주적인 학교문화 조성 | 경기 |
| | 5. 교육공동체가 함께 소통하는 민주적인 학교 운영이 이루어지고 있는가? | 경남초 |
| | 16. 교육공동체 의견을 적극적으로 수렴할 수 있는 환경이 갖추어져 있는가? | 경남초 |
| | 6. 학교 운영이 민주적으로 이루어지고 있는가? | 경남중고특<br>(공통) |
| | 21. 교육공동체와 협력적 관계를 유지하기 위해 노력하고 있는가? | 경남중고특<br>(자율) |
| | 1-2. 학교구성원 모두가 참여하여 학교 비전을 만들고, 민주적인 의사결정으로 학교를 운영하고 있는가? | 경남행복학교<br>(필수) |
| | 1-1. 학교구성원의 학교혁신 철학의 이해 및 공유 정도 | 세종필수 |
| | 1-2. 민주적 학교 운영 노력 | 세종필수 |

| 키워드<br>(지표개수) | 지표 | 시·도 |
|---|---|---|
| 민주적<br>(13개) | 4-1.민주적 학교 운영 | 울산 |
| | 2-5 민주적 의사결정 과정의 실현 | 전북 |
| | Ⅰ-1-1. 교육공동체의 민주적인 의사 결정 | 충북공통 |
| | Ⅱ-1-1. 학교, 학부모, 지역사회의 협력적 관계 형성 | 충북선택 |
| | Ⅱ-1-2. 민주적 리더십과 주체적 참여 | 충북선택 |
| 인성교육<br>및 공감<br>(13개) | 3. 실천 중심의 인성교육으로 공감하고 배려하는 학교문화를 조성하고 있는가? | 경남초필수 |
| | 13. 기본생활습관 형성을 위한 체계적인 지도와 공동체 공감교육이 실천되고 있는가? | 경남초자율 |
| | 4. 실천위주의 인성교육으로 인권친화적인 학교문화를 조성하고 있는가? | 경남중고특필수 |
| | 10. 학교폭력을 줄이기 위한 노력과 가치·공감을 존중하는 교육을 실시하고 있는가? | 경남중등자율 |
| | 4-1. 존중과 배려의 공동체 문화가 형성되어 있는가? | 경남행복학교필수 |
| | Ⅰ.4. 인성교육중심수업 강화(★) | 대구초중고특수<br>(가중치2배) |
| | Ⅱ. 4. 인성 및 인문교육 추진 실적(★) | 대구초중고특수<br>(가중치2배) |
| | 5.1.1. 창의인성교육 추진 실적 | 대전고특수 |
| | 1.3. 인성교육중심 수업 및 평가 방법 개선 노력 | 부산초중고 |
| | 1.1. 인성교육 활성화 | 울산초중고 |
| | 창의인성교육 활성화 노력 | 인천초중고 |
| | 2. 인성교육 충실도 | 전남초중고특수 |

| 키워드<br>(지표개수) | 지표 | 시·도 |
|---|---|---|
| | 1.1. 특색있는 교육과정 편성·운영(인성 교육 충실<br>도 포함) | 경북초중고 |
| 연수<br>(12개) | 2.1. 교원 1인당 직무연수 실적 | 강원초중고특수 |
| | 2.2. 교원 1인당 직무연수 실적 | 경북초중고특수 |
| | 8. 교원연수 활성화 | 대구초중고특수선택 |
| | 2.1 교원 1인당 직무연수 이수시간 | 대전초중고특수 |
| | 2.5. 교원역량강화 연수의 내실화 | 부산초중고특수 |
| | 3-3-1. 교원 직무연수 실적 | 서울초중고특수 |
| | 2.2. 교원 1인당 직무연수 실적 | 울산초중고특수 |
| | 교원 1인당 직무연수 실적 | 인천초중고특수 |
| | 4. 교원 1인당 직무연수 실적 | 전남초중고특수 |
| | 2-1. 교원 1인당 직무연수 실적 | 전북초중고특수 |
| | 3-1-1. ㉠ 학교 안 전문적 학습공동체 직무연수<br>실적 | 경기 |
| | 3-3. 질 높은 수업을 위한 교사 연수가 실시되고<br>있는가? | 경남행복학교 |
| 개별화<br>교육<br>(10개) | 1.1. 개별화 교육의 충실도 | 강원특수 |
| | 1.3. 개별화 교육의 충실도 | 경북특수 |
| | 4. 개별화 교육 충실도 | 광주특수 |
| | Ⅰ-10.개별화 교육 충실도 | 대구특수공통 |
| | 1.2. 개별화 교육의 충실도 | 부산특수 |
| | 3.6. 특수교육 충실도 | 울산특수 |
| | 개별화 교육 충실도 | 인천특수자율 |
| | 5. 개별화 교육의 충실도 | 전남특수 |

| 키워드<br>(지표개수) | 지표 | 시·도 |
|---|---|---|
| | 1-1. 개별화 교육 충실도 | 전북특수 |
| | II-3-5. 개별화 교육 충실도 | 충북초중고특수 |
| 학업중단<br>(10개) | II-3-6. 학업 중단율 | 충북고 |
| | 3.3. 학업 중단율 | 강원고 |
| | 3.3. 학업 중단율 | 경북중고특수 |
| | 3.2. 학업중단 학생 수 감소 실적 및 정보연계 비율 | 대전중고 |
| | 3-4. 무단결석률 및 증감률  학업 중단율,<br>3.4. 학업 중단율 | 부산중<br>부산특성화고 |
| | 7-2-2. 학업중단 학생 비율 | 서울중고 |
| | 3-5. 학업 중단율 및 증감률 | 전북고 |
| | 3.2. 학업중단 학생 비율 감소율 | 울산중특성화고 |
| | 학업중단 학생 비율 및 학업중단 숙려제 참여 실적 | 인천중고 |
| | 7. 학업중단 학생 증감률 및 숙려제 프로그램 참여율 | 전남초중고 |
| 독서<br>(10개) | 11. 학습능력을 향상시키고 지식과 정보를 확장하는 독서교육을 체계적으로 시행하고 있는가? | 경남초자율 |
| | 8. 책 읽는 즐거움을 주는 독서환경을 조성하고 독서교육 프로그램을 운영하고 있는가? | 경남중고특자율 |
| | 9. 행복한 독서교육 프로그램을 운영하여 교육공동체의 책 읽는 문화 확산에 노력하였는가? | 경남중고특자율 |
| | 1.8. 독서교육의 내실화 | 경북초중일반고 |
| | 1.1. 독서교육 운영 실적 | 대전초중고특 |
| | 1.4. 독서교육 활성화 | 부산초중고 |

| 키워드<br>(지표개수) | 지표 | 시·도 |
|---|---|---|
| | 1.3. 독서교육 활성화 | 울산초중고 |
| | 학교도서관 활용수업 활성화 및 다양한 독서동아리 지원 노력 | 인천초중고 |
| | 3. 독서·토론 수업 활성화 | 전남초중 |
| | 1-9. 독서교육 활성화 | 전북초중고특 |
| 방과후<br>(9개) | 1.6. 방과후학교 프로그램 개설률 및 참여율 | 경북초중고특 |
| | 5. 방과후학교 활성화 | 대구초중고특 |
| | 1.3. 방과후학교 프로그램 참여율 | 대전초중고 |
| | 1.5. 방과후학교 만족도 | 부산초중고특 |
| | 1.4. 방과후학교 참여율 | 울산초중고 |
| | 방과후학교 프로그램 참여율 | 인천초중고특 |
| | 8. 방과후학교 프로그램 운영의 내실화 | 전남초중고특 |
| | 1-2. 방과후학교 프로그램 운영의 내실화 | 전북초중고특 |
| | Ⅱ-2-3. 내실 있는 방과후학교 운영을 위한 지원 | 충북초중고특 |
| 학교<br>스포츠<br>클럽<br>(10개) | ㉣ 학교스포츠클럽 활동 등록률 | 경기 |
| | 12-3. 다양한 스포츠 활동 프로그램을 통하여 협력과 배려의 심성을 기르고 있다. | 경남초 |
| | 1.7. 학교스포츠클럽 등록률 | 경북초중고 |
| | 3.3 학교스포츠클럽 활동 등록률 | 대전초중고 |
| | 3.2. 학생체력 증진 프로그램 운영 및 학교스포츠클럽 참여율 | 부산초중고 |
| | 5-2-1. 학교스포츠클럽 등록률 | 서울초중고 |
| | 1.5. 학교스포츠클럽 등록률 | 울산초중고 |

| 키워드 (지표개수) | 지표 | 시·도 |
|---|---|---|
| | 학교스포츠클럽 참여율 | 인천중고 |
| | 1. 학교스포츠클럽 등록률 | 전남초중고 |
| | 1-8. 학교스포츠클럽 운영 활성화 노력 | 전북초중고 |
| 평가 (9개) | 4-3. 학생성장을 돕는 교육과정 실천 | 경기 |
| | 10. 학생평가는 목표 도달도를 확인하고 교육과정의 적절성 확보와 교육의 질 개선 자료로 활용되는가? | 경남초자율 |
| | 6. 학생의 성장을 공유하는 과정중심 평가를 실시하고 있는가? | 경남중등자율 |
| | 12. 교육활동의 평가가 타당하고 신뢰성 있게 이루어지고 적절하게 활용되고 있는가? | 경남중등자율 |
| | 2-3. 배움과 성장 중심의 평가가 이루어지고 있는가? | 경남행복학교자율 |
| | 3. 교수학습 및 평가 | 서울초중고특 |
| | 평가방법 개선 | 인천중고 |
| | 4-1. 참학력 신장을 위한 자기수업 평가 | 전북초중고 |
| | 4-2. 학생 평가방법의 다양화 | 전북초중특 |
| 민주시민 교육 (8개) | 17. 학생들의 참여와 실천을 통한 민주시민 교육을 실시하고 있는가? | 경남초 |
| | 1. 민주시민 육성과 공동체 의식이 학교교육목표에 반영되어 있는가? | 경남초중고특 |
| | 4. 민주시민교육 | 서울초중고 |
| | Ⅰ-1-2. 학생 자치활동 활성화 | 충북초중고특 |
| | 19. 학생주도의 자치활동과 동아리활동이 활발하게 이루어지고 있는가? | 경남중고특자율 |

| 키워드<br>(지표개수) | 지표 | 시·도 |
|---|---|---|
| | 1-4. 참여와 소통을 통한 학생 자치활동이 활성화 되어 있는가? | 경남행복학교선택 |
| | 1-2. 학생 자치활동 활성화 및 인권 보장 | 울산초중고특 |
| | 2-6. 학생 자치활동 활성화 | 전북초중고특 |
| 업무경감<br>및 간소화<br>(7개) | 1-3-1. 가르치는 일에 전념할 수 있는 여건 조성 노력 | 경기 |
| | 4. 학교는 교사가 수업과 생활지도에 전념할 수 있도록 지원하고 있는가? | 경남초중고특공통 |
| | 15. 교사의 행정업무가 효과적으로 감축 및 조정되고 있는가? | 경남초자율 |
| | 20. 교무업무를 보조할 수 있는 물적·인적 자원을 확보하고 있는가? | 경남중고특선택 |
| | 1-3. 교원업무 경감과 불필요한 행사 축소 및 폐지를 통해 교육과정 중심의 학교로 운영되고 있는가? | 경남행복학교선택 |
| | 5. 단위학교 교원행정업무 경감 성과 | 전남초중고특 |
| | Ⅰ-2-1. 합리적인 교원행정업무 경감 | 충북초중고특 |
| 무단결석<br>(6개) | 3.2 무단 결석률 | 강원중고특수 |
| | 3.2. 무단 결석률 및 증감률 | 경북초중고특수 |
| | 3-4. 무단 결석률 및 증감률 | 부산중 |
| | 3.4. 무단 결석률 | 부산특성화고 |
| | 10. 무단 결석률 | 전남초중고특수 |
| | 3-4. 무단 결석률 및 증감률 | 전북초중고특수 |
| 생활지도<br>(4개) | 생활지도 프로그램 운영 실적 | 인천초중고 |
| | 2-2-2. 생활규범 실천 노력 | 경기 |

| 키워드<br>(지표개수) | 지표 | 시·도 |
|---|---|---|
| | 3. 생활지도 프로그램 운영 실적 | 전남초중고선택 |
| | 1-4. 생활지도 프로그램 운영실적 | 전북초중고 |
| 자유<br>학기제<br>(4개) | 2. 학교별 특성을 반영하여 자유학기제가 내실 있게 운영되고 있는가? | 경남중특 |
| | II-3-7-1. 자유학기제 운영의 내실화 | 충북중 |
| | 2. 중학교 자유학기제 운영 | 대구중 |
| | 4. 자유학기제 운영의 내실화 | 전남중 |
| 학교평가<br>(3개) | 1-1-2. 학교평가 참여와 자구 노력 | 경기 |
| | 18. 학교주도적 학교평가 과정에 모든 구성원이 참여하고 평가 결과를 교육활동 개선에 활용하고 있는가? | 경남초자율 |
| | 7. 2015. 학교평가 활용도 | 전남초중고특 |
| 자율<br>동아리<br>(3개) | 1.5. 자율동아리 활동의 활성화 | 경북초중고 |
| | 3-2. 학생 자율의 자치활동 및 동아리 활동 활성화 | 세종초중고 |
| | 1-6. 학생 자율 동아리 활동 활성화 노력 | 인천초중고 |
| 자치 | 2-3. 민주시민 교육의 활성화 | 경기 |

현재 시도교육청의 평가지표를 키워드별로 정리 분석한 내용이다. 키워드별 지표 항목수가 많은 부분은 최근 교육부와 시도교육청에서 중요하게 생각하는 지점임을 파악할 수 있게 해준다.

진로·진업교육에 대한 중요성이 대두되는 것은 그 만큼 학생들이 진로를 탐색하는데 어려움이 많다는 현실을 보여주는 것이다. 또한 교육과정에 대한 것 역시 빠르게 변화해 가는 사회의 시류에 역행하지 않는 내용을 가르치며 배움 중심의 교육활동이 이루어지기 위해서 교육과정이 중요하다는 것을 보여주는 증거가 될 것이다. 또한 4.16 세월호 사건과 최근 불거지는 각종 폭력문제로 인해 안전과 학교폭력에 대한 지표가 많이 선정되어 있음을 확인할 수 있다. 그 외 다양한 주제 및 키워드들을 확인하는 것만으로 현 교육계의 방향성과 움직임이 어느 지점을 향하고 있는지 유추할 수 있을 것이다.

## 5. 학교평가와 인센티브

〈표 7〉 학교평가와 인센티브

| 서울 | • 학교: 차년도 학교교육계획 수립 시 반영 자료로 활용<br>　- 학교교육과정 운영 계획, 중장기 학교발전계획 수립의 기초자료로 활용, 학교교육활동 개선 기초자료로 활용<br>　- 학교교육활동 문제점을 진단하고 개선하기 위한 기초자료로 활용<br>• 연구정보원 및 교육지원청<br>　1) 학교평가 결과를 분석하여 개별학교 지원 자료로 활용<br>　　- 후속 컨설팅 자료로 활용하여 단위학교 교육의 질 개선 지원<br>　　- 학교평가 결과 우수사례를 발굴하여 홍보하나, 학교평가 결과에 기반한 인센티브는 제공하지 않음<br>　2) 학교평가 분석을 통한 정책 제안 자료로 활용<br>　　- 학교개선을 위한 지원 방안을 수립하거나 단위학교의 책무성 강화를 위한 방안 마련에 활용 |
| --- | --- |

| | |
|---|---|
| 인천 | • 학교개선을 위한 기초자료로 활용<br><br>학교평가 결과 자체 분석 ⇒ 차기년도 계획 및 중장기 발전계획 수립 ⇒ 실천 ⇒ 평가의 과정이 순환적으로 이루어지도록 함.<br><br>• 학교평가 결과 후속 컨설팅 지원<br>• 우수학교 사례 발굴 및 일반화 |
| 경기도 | • 학교조직 진단 도구 활용-단위학교 실정에 맞게 자율 구성 및 운영 (선택 사항)<br>• 학교평가 결과 발표회 |
| 강원도 | • 교육행정기관의 행·재정 지원 방안 수립 시 활용<br>  - 학교교육의 질 관리와 교육 개선 피드백 자료로 활용<br>• 기관평가, 학교장 운영평가와 연계 |
| 대전 | • 평가 결과의 공개 : 5단계로 구분하여 학교별 자료 공개<br>• 학교평가 결과 발표 전 최종 심의 : 대전교육과학연구원의 학교평가 결과 자료를 바탕으로 '학교평가위원회'의 최종 심의를 거쳐 결격 사유 등 이상 유무를 점검하고, 이상이 없을 시 최종 결과 학교 통보<br>  1) 학교평가 결과 발표 전 학교평가위원회의 최종 심의를 통해서 4대 비리 등, 사회적 물의를 빚거나 감사관으로부터 기관경고를 받아 학교평가의 신뢰성을 훼손한 학교에 대해서는 순위를 조정하거나 등외 처리할 수 있다.<br>  2) 학교평가 결과 학교통보 이후라도 4대 비리 등으로 사회적 물의를 빚거나 감사관으로부터 기관경고를 받아 학교평가의 신뢰성을 훼손한 학교에 대해서는 학교평가위원회의 심의를 거쳐 최우수학교 등급을 취소할 수 있으며, 해당학교의 등위는 매기지 않고 등외 처리한다.<br>• 학교평가 결과 표창 계획<br>  1) 기관표창<br>   ·대상 학교 : 평가 대상 모든 학교 급에 적용(초·중·고·특수 전체)<br>   ·절차 : 평가결과 보고(연구원) ⇒ 대상학교 표창(시교육청), S등급 |

| | |
|---|---|
| | 학교(평가 대상교의 10% 내외) 표창<br>　2) 유공 교원 표창<br>　　·대상 : S등급 학교의 교사(초·중·고·특수 전체 대상)<br>　　　- 교당 1명을 원칙으로 하되, 종합평가 대상교는 학급수에 따라<br>　　　　조정 가능<br>　　·절차 : 해당 학교장의 추천(연구원) ⇒ 대상자 표창(시교육청)<br>　3) 기타<br>　　·우수학교에 대한 각종 인센티브 부여 : 연구·시범학교 선정 시 우대<br>　　·학교장 경영능력 평가 자료로 활용<br>　　·평가와 장학의 연계<br>　　　- 우수학교(A등급) : 자율장학<br>　　　- 일부영역 미흡학교(B, C 등급) : 해당 영역 컨설팅 장학<br>　　　- 미흡학교(D등급) : 종합장학(미흡한 영역별 컨설팅 장학) |
| 세종 | • 학교 차원의 환류 노력<br>　- 자발적 개선 노력을 통한 학교의 자율성과 책무성 강화<br>　- 학교평가 결과 분석 ⇒ 다음년도 계획 및 중장기 발전 계획 수립<br>　　⇒ 실천 ⇒ 평가의 과정이 순환적 평가 시스템 구축<br>　- 학교평가 결과 분석 및 환류 계획에 따른 자구 노력 및 후속<br>• 컨설팅 요청<br>　1) 행정적 지원<br>　　- 학교의 요청에 따른 맞춤형 연수 및 컨설팅 지원<br>　　- 학교평가 결과에 따른 후속 컨설팅 지원<br>　　- 평가 전문기관 연계 심층 컨설팅 지원<br>　　- 학교평가 결과를 교육청의 교육정책 수립 기초자료로 활용<br>　2) 우수사례 발굴 및 확산<br>　　- 학교평가 우수사례집 발간·배부로 우수사례 공유 및 확산 |
| 충남 | • 학교표창, 유공자(개인)표창 등 인센티브 없음<br>• 컨설팅은 자발적인 신청학교를 대상으로 실시함<br>• 결과는 학교교육의 질 관리 및 교육개선을 위한 피드백 자료로 활용 |

| | |
|---|---|
| 충북 | • 학교평가 보고회<br>• 학교평가 후속 컨설팅<br>   – 희망교를 우선하되, 평가 결과 개선교는 컨설팅 대상학교로 도교육<br>     청에서 추천<br>   – 컨설팅 대상학교의 문제점과 원인 분석을 통한 해결 방안 및 실천<br>     전략에 대한 전문적 조언 |
| 광주 | • 단위학교 교육의 질 관리와 교육개선의 피드백 자료로 활용<br>• 미흡 분야에 대한 컨설팅을 통한 학교 교육력 제고 |
| 전남 | 없음 |
| 전북 | • 학교자체평가 보고서 제출은 생략하되, '학교알리미'(초·중등 교육정보<br> 공시서비스) 사이트에 보고서 탑재<br>• 학교 교육발전 및 개선자료, 다음년도 교육과정 환류 및 컨설팅 자료<br> 로 자체활용<br>• 교육시책 추진 효과에 대해 학교별로 자체 점검하여, 우수사례는 적극<br> 홍보하고, 부진내용은 보완하여 공교육 신뢰회복을 위한 정보 자료로<br> 활용<br>• 평가 결과 환류를 위해 평가담당자(전문직)와 평가위원을 중심으로 학<br> 교평가결과 환류 위원회를 구성하여 다음년도 학교평가 개선, 학교지<br> 원, 교육시책 수립 자료 등으로 활용<br>• 교육과정 질 관리와 교육여건 개선을 위한 자료로 적극 활용<br>• 단위학교 교육과정 운영계획의 수정·보완·개선 자료로 활용<br>• 학교교육의 질 향상을 위한 정책 탐색 자료로 활용<br>• 학생·학부모 등의 요구사항 개선자료로 활용<br>• 교육지원청 차원의 학교개선 및 교육시책 수립 자료로 활용<br> ※'학교알리미'(초·중등 교육정보 공시서비스)와 학교평가의 연계 |
| 부산 | • 학교<br> 1) 학교자체평가 계획, 시행 및 결과 분석을 기초로 한 차기년도 학<br>    교교육계획 반영으로 교육과정 질 관리와 교육여건 개선을 위한 |

| | |
|---|---|
| | 자료로 적극 활용<br><br>2) 학교평가 계획에 따른 사전 컨설팅과 평가결과에 따른 사후 컨설팅 실행 자료로 활용, 컨설팅 결과 보고서 제출(컨설턴트)<br><br>3) 평가 결과 공개(매년 2월 학교정보알리미에 공시)<br><br>• 교육연구정보원<br><br>1) 교육활동 및 교육경영 우수사례 등을 반영한 학교평가 결과 보고서 발간·배부로 우수사례 적극 홍보<br><br>2) 단위학교 개별 환류를 통한 학교 교육의 질적 개선 유도 및 2017년도 학교평가계획 수립에 반영<br><br>3) 학교평가 컨설팅 실시<br><br>  · 평가학교 사전·사후 컨설팅 지원(사전 컨설팅 강화)<br><br>    – 사전컨설팅<br><br>      ▷ 지구별로 그룹핑하여 1차 실시<br><br>      ▷ 개별 컨설팅 별도 지원(사이버 및 방문)<br><br>      ▷ 단위학교 자체평가 계획 수립 지원<br><br>    – 사후 컨설팅<br><br>      ▷ 학교평가결과에 따른 개선사항 보완을 위한 컨설팅 지원<br><br>• 학교평가 모니터링<br><br>1) 학교담당 장학사 및 학교평가 컨설턴트는 자체평가 지원과정에서 나타나는 평가내용 모니터링 협조<br><br>2) 학교평가 방법, 운영상 개선점 등에 대한 설문조사 실시<br><br>3) 설문 분석 결과는 차기년도 학교평가 시행 계획 수립에 반영 |
| 울산 | • 유공 교원 교육감 표창 : 영역별 우수학교 교원 1명 총 39명<br><br>※ 최종 결과처리 및 시상 전 단계에서 4대 비위 등 사회적 물의를 일으켜 학교평가의 신뢰성, 타당성을 해치는 학교는 평가군별, 영역별 우수학교에서 제외함<br><br>※ 우수학교, 보통학교, 개선학교의 선정, 동점학교 등 학교평가 실행 및 결과 처리 과정상 협의가 필요한 경우, 학교평가지도위원회에서 결정하여 처리함<br><br>• 학교평가 보고서 발간 |

| | |
|---|---|
| | – 특색사업 및 우수사례 일반화를 통한 학교 간 균형 발전 도모<br>– 평가 결과 장·단점 진단 및 제언을 통한 학교 교육 여건 개선<br>– 평가지표 분석 결과 제공을 통한 단위학교 교육 능력 향상 도모<br>• 학교평가 성과 보고회 개최<br>– 학교평가 관계자 간 정보 교류 및 벤치마킹 기회 제공<br>– 우수사례 일반화 및 단위학교의 자발적 노력 유도<br>• 학교평가 후속 컨설팅 지원<br>– 개선학교는 맞춤형 컨설팅을 실시함(영역별 및 종합 컨설팅)<br>– 2년 연속 개선학교는 단위학교 보고서 제출(2014년 결과부터 적용)<br>※ 단, 4개 영역 종합 점수 90점 이상일 경우 개선학교에서 제외함<br>• 학교평가 결과 공개<br>– 학교평가 결과 우수학교(종합, 영역별) 공개<br>– 학교평가 결과 단위학교별 열람 가능 |
| 대구 | • 단위학교평가결과 환류<br>– 학교 개선 자료로 활용 학교평가 결과 자체 분석 ⇒ 다음 년도 계획 및 중장기 발전계획 수립 ⇒ 실천 ⇒ 평가<br>– 학교평가 결과 반영 계획 수립 및 적용<br>– 학교평가 결과 분석 및 환류 계획에 따른 후속 컨설팅 요청<br>• 교육청/교육연구정보원의 평가결과 환류<br>– 학교평가 후속 컨설팅 희망교 지원 (3교, 한국교육개발원 위탁 운영)<br>– 학교평가 결과에 따른 컨설팅 대상교 선정 및 자료 제공 (교육연구정보원 ⇒ 시교육청, 교육지원청)<br>– 학교평가 결과 시교육청, 교육지원청의 업무 및 장학활동에 반영<br>– 학교평가종합 보고서 발간: 지표 및 평가 결과 분석, 우수사례 일반화 |
| 경남 | • 학교컨설팅 지원<br>– 학교평가에 따른 분야별 학교별 맞춤형 컨설팅 실시 |

| | |
|---|---|
| | - 종합적·심층적 진단과 개선이 필요한 학교는 컨설팅 지원<br>• 학교교육의 질 관리와 교육개선의 피드백 자료로 적극 활용<br>  - 학교 요청 또는 필요할 경우 컨설팅 지원<br>  - 단위학교 교육계획 및 차기년도 학교교육과정 운영 계획에 반영<br>  - 학교 책무성 제고 수단으로 활용<br>• 우수학교 사례 발굴 및 자율적 학교문화 확산 |
| 경북 | • 교육활동 개선을 위한 자료로 활용<br>  - 단위 학교별로 '미흡' 지표에 대해 다음 해 교육계획서에 개선이행<br>    계획을 수립하여 실천<br>• 평가 결과가 우수한 학교는 심의를 통해 교육감 표창 추천<br>  - 평가 결과에 따라 학교급별 규모별로 기관 표창<br>• 교육활동 우수사례 일반화<br>• 도교육청의 안내에 따라 학교별로 평가 결과 공시<br>  - 교육청(교육지원청)지원장학 컨설팅 시 개선이행계획과 실천에 대한<br>    점검 및 컨설팅 |
| 제주 | • 평가결과보고서 및 우수사례 보급<br>  - 학교평가결과보고서 발간·배부<br>  - 평가보고서 및 우수사례를 학교 알리미, 교육과학연구원 홈페이지에<br>    탑재<br>  - 우수사례 발굴 및 일반화<br>• 평가 결과는 '17. 2월에 공시자료로 활용<br>• 학교 교육의 질 관리와 교육개선의 피드백 자료로 활용<br>  - 단위학교 교육계획 수립 및 장학자료에 활용<br>  - 진단이 필요한 학교에서 요구 시 전문기관과 연계하여 컨설팅 실시<br>• 학부모 및 지역사회에 학교운영의 우수성을 공개하여 학교에 대한 신<br>  뢰도 제고 |

학교평가의 결과에 따라 어떤 인센티브를 제공하고 있느냐는 학교평가를 어느 정도 강제성을 부여하느냐에 대한 관점으로 접근할

수 있다.

평가의 타당성이 검증된다면 평가 이후의 인센티브와 관련 없이 대상기관은 평가를 잘 받기위해 모종의 노력을 기울이게 되어 있다. 하지만 평가 타당성과 그 효과에 대한 신뢰가 일정수준 이하로 형성된다면 평가대상 기관은 인센티브 없이는 움직이려 들지 않을 것이다.

그런 의미에서 많은 교육청에서 학교평가 결과를 통하여 인센티브를 제공하는 비중을 줄여나가고 있는 실정이며 우수사례를 발굴하여 공유하고 단위학교의 추후 교육과정 운영계획 수립 시 참고할 수 있도록 자료를 제공하는 방식으로 변화되어가고 있다.

그럼에도 불구하고 여전히 크고 작은 인센티브가 존재하고 있는데 평가 타당성이 확보된 부분에 대해서는 큰 부작용이 생기지 않겠지만 현실과 동떨어진 평가지표가 있을 때 평가결과에 대한 인센티브를 확보하기 위하여 학교에서 해당 지표에 대한 교육활동을 강조하게 된다면 그 부작용은 실로 클 수밖에 없는 상황이다. 이에 각 교육청에서 인센티브의 비중을 줄여나가고 핵심적인 부분을 독려할 수 있도록 해야겠다.

# 6. 자체평가와 외부평가

## 가. 자체평가와 외부평가 장단점 사례분석

최근 주요국(미국, 영국, 일본 등)의 학교평가 실태를 살펴보면, 미국은 자체평가적인 요소의 학교인증평가(school accreditation system)와 AYP(Adequate Yearly Progress, 연간 적정 발달 수준)를 통한 외부평가에 따른 국가 주도의 학교평가로 전환되면서 학부모와 사회의 강력한 요구에 의해 연방정부와 주정부가 강력한 학교 책무성 평가를 실시하고 있다. 2002년 이후 '학생낙오방지법(NCLB: No Child Left Behind)'을 제정하여 초등학교 3학년까지는 독서가 가능한 읽기 능력을 갖춰야 하고, 3~8학년 학생은 최소 수준의 일정 학력을 보유해야 하며, 공·사립교간 학력 격차를 축소해서 모든 학생들이 최소 수준의 학력을 달성하는데 역점을 두고 있다(김주후 외. 2006). 미국의 학교평가는 NCLB(No Child Left Behind)를 기반으로 학교 책무성을 강화한다는 명확한 목표를 바탕으로 시행되고 있으며 모든 학생들이 최소 수준의 학력을 달성하도록 하는 뚜렷한 4대 원칙(첫째, 학교는 성적에 대한 책임져야 한다. 둘째, 학부모에게 학교의 선택권을 보장한다. 셋째, 지방정부와 학교에 자율권을 부여한다. 넷째, 확실한 교수법을 확보해야 한다.)에 중점을 두고 있다.(김희규, 2012)

또한 AYP평가에서는 주정부 단위에서 실시하는 표준화검사의 영어와 수학 성적(Reading / Language Arts and / Mathematics)에서 적어도 숙달 수준(proficient level)이상인 학생의 비율, 탈락률이나 출석률 등을 사용하는데 이와 같은 적정수준의 검토는 전체 학생뿐만이 아니라, 빈곤층 학생집단, 인종별 학생집단(흑인, 백인, 멕시칸, 아시안, 기타인종), 특수교육대상 학생집단, 그리고 영어미숙 학생집단별로 AYP의 달성 정도를 표시한다. 그 결과 공립학교 3~8학년을 대상으로 매년 읽기와 수학 2개 과목을 시험 친 후 학교평균 성적이 주(州)정부가 정한 연간 적정발달수준(AYP)에 미치지 못하면 해당 학교는 경고를 받거나 강도 높은 개혁 작업을 감수해야 한다(Owens & Sunderman, 2006). 2년 연속 AYP에 미달하는 학교에 자녀가 다니는 경우, 학부모는 지역 학교 당국에 전학을 요구할 수 있다. 이 경우 통학비용은 지역교육청이 부담해야 하고, 3년 이상 연속 AYP에 미달하는 학교에 자녀가 다닐 경우, 학부모들은 주정부로부터 연간 500~1000달러의 교육비를 지원받아 자녀에게 과외, 각종 방학학습 프로그램 등을 시킬 수 있다(신상명, 2001; 조석회 외, 2006; 홍창남 외, 2011).

이처럼 미국의 학교평가는 전통적으로 시행되던 자발적이고 피상적인 학교인증을 중심으로 한 자체평가체제에서 국가주도의 강력한 책무성을 중심으로 학교평가(외부평가)로 전환되면서 교육에 관련된 이해 당사자들의 긍정적인 반응이 나타나고 있으며 특히 학부모를 대변하는 전국학부모연합모임(National PTA)에서는 NCLB법안을 현재보다도 더 강력하게 추진해야 하며, 그 법안이 현실적으로 공교육에 영향을 미치기 위해서는 더 과감한 정부의 투자가 이루어져야 한다고 주장하고 있다.

영국은 비정부기관 독립기관인 교육표준평가청(OFSTED: Office for Standards in Education)에서 학교교육의 질 관리 차원에서 전문적인 외부평가단에 의한 평가를 통해 ① 학교에서 제공한 교육의 질, ② 학교에서 성취한 교육 기준, ③ 재원의 관리 방식, ④ 학생들의 영적, 도덕적, 사회 문화적 발달을 내용으로 한 학생 성취 수준을 평가의 중심에 놓고 이러한 성취에 기여하는 요소로서 학교의 교육활동과 경영활동을 평가하고 있다. 이 때 교육의 결과(학생 성취)에 대한 절대 비교가 이루어지는 것은 아니며 그 학교가 처한 상황(맥락)을 고려하여 학교가 주어진 여건 하에서 어느 정도 개선을 이루고 부가 가치를 창출했는가를 판단 준거로 삼는 '부가 가치적(value-added) 접근'을 취하고 있다.

영국에서의 학교평가의 방법은 크게 학교 내부인이 하는 자체평가와 학교 외부인이 평가하는 외부평가로 나누어 구분된다. 자체평가는 다시 외부평가자가 평가를 하고 검증을 하게 되는데 자체 평가서는 4가지 형식(S1~S4)이 있으며 S1~S2는 초등과 중등이 유사하나 중등의 경우 더 복잡하고 내용이 많다. 자체평가(S1~S4) 내용으로는 대체로 변화에 대한 필요성, 예산 효용의 극대화, 더욱 통합되고 응집력 있는 체제, 장기적인 관점에서 시간과 에너지 낭비에 대한 인식, 교수(Teaching)의 전문성에 대한 더 나은 관계, 학교의 자기평가에서 선도적인 실천 사례, 학교를 있는 그대로 보는 것 등이 포함되어 있다.

외부평가자의 사전정보 자료 수집 방법으로는 학교의 웹사이트, 개별학교의 성과와 평가 보고서(PANDA: The Performance and assessment report for each school2)), 지난 주기의 OFSTED (교육표준평가청) 평가보고서를 참고로 하며, 학교 발전과 경영계획서, 요람, LEA(영국지방교육청)의 지도 감독 보고서, 그리고 학교교육계획을 제출받아 활용한다. 학교의 운영에 대한 제3자의 의견조사 및 청취 형태로도 이루어지며, 이는 구체적으로 평가 전후에 학교 이해관련자의 의견조사를 위해 OFSTED(교육표준평가청)가 개발한 표준 설문지 혹은 다른 질문을 이용하여 학교운영위원회, 학생 (대표, 동아리 멤버 등), 학부모, 중요한 학교 파트너, 기타 학교가 추천한 외부인의 견해를 청취한다(김경성 외, 2004; 정택희 외, 2004b).

영국에서의 학교평가는 그 결과를 활용함으로 학교의 상태가 어느 정도인지를 판단하여 처방을 내릴 수 있는 의사결정의 중요한 기초가 된다. 문제가 있는 학교는 개선 명령을 받고 문제가 심각한 학교를 확인하고 OFSTED의 기준에 따라 정상인 학교교육을 할 수 있도록 개선을 위한 필요한 조치를 취한다. 한 학교의 평가 결과는

---

2) 영국 교육성에 의하여 만들어진 전국 학교의 성취 수준에 대한 보고서이며 개별학교, LEA(영국지방교육청) 및 전국의 성취수준을 비교하여 개별학교가 어느 수준에 있는지를 일목요연하게 보여 줌

학부모와 이해관계자에게 학교에 대한 정보 제공과 더불어 정책 자료로 활용한다. 최근 OFSTED의 평가체제는 학교평가의 자율성 확보와 교육의 질 개선에 평가의 초점이 모아지고 있으며, 이의 일환으로 학교 자체의 개선과 발전을 유도하기 위해 자체평가 양식을 활용하고 있다(OFSTED, 2012; Pullen, 2012)

반면 일본에서는 2002년에 제정된 '초등학교설치기준'에 근거하여 자체평가에 의한 학교평가 실시와 결과 공개에 대한 의무 규정에 의거하여 학교평가를 실시해 왔다. 이후 학교의 재량권, 자주성, 자율성 확대에 따른 학교교육활동 성과에 대하여 집중해야 한다는 내부적 요구와 더불어 아동·청소년이 양질의 교육활동에 참여할 수 있도록 교육 수준이 향상되어야 한다는 요구, 그리고 학교 운영의 질적 수준에 대한 학부모들의 관심이 증대되면서 학교평가에 대한 필요성이 더욱 부각되었다. 이에 일본 정부는 2007년 6월 '학교교육법'을 개정하여 학교평가의 실시와 학교의 정보 제공 의무에 관한 법적 근거를 마련하여 본격적으로 실시하고 있다. 즉, 일본에서의 학교평가는 학교 내부적 필요에서부터 시작되었다기보다 학교에 대한 사회적 관심과 요구로부터 비롯된 것임을 알 수 있고, 학교자체평가 중심의 학교평가가 활성화되고 있음을 알 수 있다.

이상에서 살펴 본 바와 같이 미국, 영국, 일본 등 대부분의 국가에서는 학교평가에서 학업성취에 의한 학교 책무성을 강조하는 경향이 뚜렷하고, 특히 미국은 NCLB법에 의하여 매우 구체적이고 강력한 학생 성취도 중심의 학교 책무성 평가를 추진하고 있다. 19세기부터 이어져 내려오던 민간주도의 자발적 학교평가가 근간을 이루던 미국의 변화를 실감할 수 있으며, 이에 반해 외부평가에 근거하여 최근까지 학교평가를 실시하던 영국이 학교자체평가요소를 활용하는 점은 각 국가의 교육적 전통과 사회 문화적 요구에 다른 결과로 추론이 된다. 이에 우리나라에서도 학교평가에 대한 계획을 수립함에 있어서 다음과 같은 점을 중요하게 염두해 두어야 할 것이다.

첫째, 각 나라는 학교교육의 체계적인 질 관리를 위해 각 나라 교육 전통과 상황에 맞는 학교평가를 채택하여 개발 및 변화시켜 왔다. 이에 우리나라에서도 우리의 상황에 맞는 학교평가 방식을 적용할 필요가 있다. 즉, 수준 높은 교사 자원을 바탕으로 한 우리나라 교육 현실을 고려할 때 지역적 특색을 반영하고 단위 학교의 자율성과 책무성을 강화한다는 측면에서 정부주도의 일괄적인 외부평가보다는 점진적으로 자체평가로의 전환이 필요하다.

둘째, 평가 방식에 따른 전문적 역량 강화 방안을 마련하는 것이 필요하다. 전면 자체평가로 전환된다면 단위학교의 학교평가 전문 역량을 배양할 방안이 마련되어야 할 것이며, 외부평가로 이루어질 경우 전문적인 역량을 갖춘 학교평가 요원의 선발과 훈련을 전제로 하고 필요하다면 이와 관련된 국가 또는 교육청 수준의 평가전담기구의 설립도 고려해 볼 수 있을 것이다.

셋째, 학교평가가 성공하기 위해서는 학교 내부의 자발적인 참여와 협력이 중요하다. 특히, 단위학교의 자체평가는 학교구성원들의 자발적인 참여 속에서 진단과 점검, 수정·보완, 결과 활용 등 학생의 성취 수준 향상을 위해 상시 평가활동이 필요하기 때문이다.

넷째, 학교평가의 목적이 학교현장의 개선을 목표로 하는 만큼 평가 결과의 활용이 수반되어야 한다. 특히, 학교구성원들에 의한 피드백과 더불어 구체적인 행정 개선의 조치가 병행될 때 본질적인 학교평가의 목표에 근거한 평가가 이루어지게 될 것이다.

마지막으로 학교평가를 통해 학교교육의 질을 지속으로 개선하기 위해서는 학교평가 결과를 집적하여 DB를 구축하고, 영국의 사례처럼 국가 교육 정책 수립의 기초자료로 활용되어야 할 것이다. 이러한 활용 과정을 통해 국가 백년지대계의 교육이 올바른 방향을 향해 나아가는 등 초점화가 이루어질 수 있을 것이다.

학교평가를 실시한다는 사실 그 자체만으로도 나름의 의미가 있겠지만 학교평가를 왜 실시하는가, 즉 중앙정부나 지방자치정부가 학교평가의 목적을 어떻게 설정하고 있는가도 매우 중요하다. 학교평가의 목적을 어떻게 설정하고 있는가에 따라 학교평가의 의미와 학교평가에 대한 사회적 기대를 파악할 수 있고, 나아가 학교평가의 결과를 어떻게 활용할 것인지를 다양하게 논의할 수 있을 것이다(노경란, 2010).

<표 8> 평가 주체에 따른 구분

|  | 외부평가<br>프로그램을 담당하는 조직체 외부<br>인사가 평가 실시 | 내부(자체)평가<br>프로그램 결정 혹은 집행자 혹은<br>타 부서의 직원이 평가 실시 |
|---|---|---|
| 장점 | · 객관적, 합리적, 과학적 평가<br>· 전문적 평가 | · 자료접근이 용이함<br>· 평가 대상자들과 쉽게 레포 형성<br>· 시간과 비용 절약<br>· 평가 설계의 변경, 활용도 제고 |
| 단점 | · 경직된 평가 가능성 존재<br>· 자료의 접근성 어려움<br>· 평가 대상자들의 비협조<br>· 평가 결과의 비수용성 | · 형식적 평가, 부정직한 평가에<br>대한 가능성 존재<br>· 정당성이 결여된 평가 가능성<br>· 변화를 주도할 영향력이 미약 |

## 7. 정량평가와 정성평가

지표(indicator)란 어떤 활동의 현상이나 성과를 보여주는 자료(data)를 의미하며, 통상적으로 양적(또는 정량적)으로 표현되나 최근에 질적 지표(정성적 지표)의 개념이 사용되고 있다.

정량평가란 평균, 비율, 지수 등 비교 기준이 명확해 그 기준을 대비해서 수치로 평가하는 방식을 말한다. 예를 들어 입학생 중 졸업생 비율, 전체 재학생 중 기초학력미달 등급학생 비율 등을 들 수 있다. 정량평가의 장점은 평가내용을 수치로 기록하므로 전체적인 평가 추이를 파악하기 쉽다는 것과 측정의 공정성, 객관성, 신뢰성을 높인다는 장점이 있는 반면 분석적이기 때문에 학교교육의 전체적 특성을 평가하는데 한계가 있다. 정량평가의 기본 가정은 추상적이며 다차원적 속성을 단일차원화 하고, 수리적 변환을 통한 비교가 가능하다는 것이다. 정량평가의 측정학적 특징으로는 타당도와 신뢰도가 있다.

정성평가란 정량평가와 같이 수치로 계량화하기 어려운 부문의 평가를 하는 경우에 사용하는 것으로, 어떤 현상을 기술 또는 묘사한 자료를 의미한다. 정량평가가 수치화한 객관적 평가라면 정성평가는 주관적 평가라고 할 수 있다. 보통 학교생활기록부에서 교과 성적은 점수로 수치화한 정량평가이며 비교과의 행동특성종합의견 등에 교사가 직접 의견을 쓰는 것은 정성평가이다. 정성평가는 어떤 현상을 전체적으로 표현할 수 있는 반면 평가자의 소양과 경험이 부족할 경우 평가결과의 공정성, 객관성, 신뢰성을 확보하기 어렵다는 한계를 가지고 있다. 또한 자세한 의견을 제시할 수 있지만 평가추이를 파악하기 어렵고 비교 평가가 어렵다는 단점이 있다. 정성적 지표에 의한 평정을 위해 먼저 평가지표를 분석하고 이해해야 한다. 그 후에 평정 기준을 분석하고, 이해 및 보완해야 한다. 그리고 세부평가 항목별 구체적 지표(자료) 또는 판단준거를 구체화해야 하고 그에 따른 세부평가항목의 평가준거별 지표(자료특성)를 기술해야 한다. 그리고 구체적 준거에 의거해 세부평가항목에 대한 평정을 하고, 평정척도(또는 평정기준)에 따라 종합평정을 한다.

정성평가와 정량평가를 비교하면, 지표의 값(수행지표)으로 정량

지표는 수량으로 표현하며, 정성평가는 수량화 대신 간단한 단어나 문장으로 표현한다. 지표 값의 산출은 정량적(양적) 지표 값은 제시된 산출 공식을 적용하며, 정성적(질적) 지표는 과정에서 확보된 자료의 특성을 기술한다.

정성평가와 정량평가를 명확히 구분하기 위해서는 사회과학 연구 기법인 '양적 연구'와 '질적 연구'가 무엇인지 살펴보면 이해하는데 도움이 된다. 정량평가의 철학적 배경은 원자론적 사고, 자연과학과 논리실증주의, 경험론이 있다. 자연과학에서 예를 들어 '낙하하는 물체가 무거울수록 낙하 속도는 빠를 것이다.'라는 가설을 세웠다고 한다면, 이 가설에서 연구자가 독립변인으로 삼은 것은 물건의 무게이고, 종속변인은 낙하 속도이다. 두 변수 간의 관계를 밝히면, 위 가설이 참인지 거짓인지 증명할 수 있다. 만약 모든 경우에 이 가설이 참이라면, 이는 하나의 자연법칙이 된다. 자연현상의 경우 물건의 무게, 낙하 속도 등과 같은 변인은 눈으로 측정이 가능해 수치화할 수 있다는 특징이 있다. 따라서 양자의 관계를 규명하고 밝히는 과정은 수월하다. 그러나 사회현상은 자연현상과 달리 수치화할 수 없는 것이 보통이다. 사회과학에서 '경제수준이 높을수록 가족 간 화목도가 높을 것이다.'라는 가설을 세웠다면, 경제수준과 가족 구성원 간 화목도 또는 사랑의 정도 간에 인과관계를 규명해야 한다. 그러나 이 가설에서 독립변인인 경제수준은 어느 정도 계량화가 가능하지만, 종속변인인 가족 간 '화목도 또는 애정의 정도'는 수치화하기 곤란한 정성적 사항이다. '과학'이라는 것이 두 변인간 인과관계를 규명해 법칙을 발견하는 것이 본질이라면, 사회현상은 눈으로 측정이 불가능한 정성적 사항이라는 이유로 현상 간 인과관계를 규명하는 것은 불가능에 가깝다. 그럼에도 불구하고 사회현상에서 일종의 법칙을 발견해보자는 취지로 일련의 학자들이 정성적 사항을 눈으로 측정이 가능하도록 정량화하기 시작하고, 이러한 시도와 연구기법을 흔히 '양적연구'라고 하며, 이 과정에서 등장하는 개념이 '개념의 조작적 정의'이다. 개념의 조작적 정의란 추상적인 개념을 경험적으로 관찰할 수 있는 속성으로 바꾸어 정의한다는 것이다. '양적 연구 기법'에 따르면, '사랑', '화목도' 등과 같이 계량화가 곤란한 정성적 사항이라도 '대화 시간', '선물 교환 횟수', '전화통화 횟수' 등과 같이 측정 가능한 속성으로 치환해 수치화를 시도한다. 즉, 대화 시간이 많을수록, 전화통화 횟수가 빈번할수록, 서로 선물 교환 횟수가 많을수록 사랑의 정도가 깊을 것이라고 추정하는 것이다. 이 과정이 개념의 조작적 정의이다. 그러나 이러한 연구기법은 일면 타당할 수도 있으나, 문제의 소지가 있다. 예컨대 무뚝뚝한 성격을 지닌 가정에서는 비록 대화 시간, 선물 교환 횟수가 적다고 사랑의 정도가 낮다고 함부로 말할 수 없다. 즉, 이러한 양적연구는 정성적 사항을 제대로 표현해주지 못하는 태생적인 한계가 있다. 따라서 양적연구를 부정하거나 반대하는 입장에서는 통계적 연구기법이 아닌 사례 연구(Case Study)가 더 적절하다고 한다. 즉 사랑의 정도를 단순히 위와 같이 측정 가능한 개념으로 치환하는 것보다, 그 사람이 그동안 보여준 경험과 태도를 맥락적으로 이해하는 것이 더 적절하다고 주장한다. 비록 대화 시간도 짧고,

선물 교환 횟수가 적더라도 그 사람의 살아온 궤적을 통해 그 사람의 사랑의 정도를 평가해야 더 옳다는 것이다.

# IV. 학교평가의 방향

## 1. 학교평가 내실화를 위한 운영방법 제안

학교평가는 1945년부터 실시된 이후 현재까지 계속 변화되어 왔다. 학교에서 이루어지는 모든 교육적 운영에 대한 고찰의 역사라 해도 틀린 말은 아니다. 학교의 효율적인 운영을 위한 모종의 역할을 감당해 왔지만 아직 완전한 것은 아니다. 이에 보다 효율적인 운영을 위한 모색이 필요하다.

**교육청평가에 대한 타당성 확보 및 탈 획일화가 필요하다.** 위에서 알아봤듯이 교육청평가지표와 학교평가지표가 매우 많은 부분에서 공통적으로 이루어지고 있음을 확인할 수 있는데 이는 교육청평가가 일선 학교에 얼마나 지대한 영향을 미치고 있는지에 대한 단면을 보여주는 것이다. 교육청평가에 따라 교부금이 달라지기 때문에 교육청에서는 이 평가에 자유로울 수 없다. 이러한 인센티브가 강할수록 평가지표에 대한 획일적 교육은 더욱더 견고해 질 수 밖에 없다. 현대 사회가 요구하는 창의적 교육과 획일적 교육은 상충되는 가치인 만큼 자충수를 두게 되는 것과 같다.

이 획일화 교육에 대한 대안은 가까운 곳에서 찾을 수 있다. 학교평가에서 실시되는 선택지표와 자율지표를 교육청평가에 활용하는 것이다. 정부에서 추구하는 가장 중요한 교육철학과 방향을 담은 지표를 공통지표로 구성하고 그 외에 지역 교육청의 자율성과 창의성을 보장하고 현장성을 담을 수 있는 지표를 선택 혹은 자율지표로 선정하여 교육청평가를 실시한다면 보다 창의적인 교육운영에 대한 연구와 지역 교육청간의 선의의 경쟁도 가능할 것이다. 타지역 교육청에서 효과를 본 정책을 공유하는 선순환 구조를 만드는 것이 중요하다.

**학교평가와 함께 '학교조직 진단'을 정례화해야 한다.** 현재 학교조직 진단은 학교컨설팅을 받는 학교에 컨설팅 초기에 이루어지는 활동이다. 이 후속 컨설팅의 초기 목적과 다르게 여러 한계에 부딪치고 있는 상황이지만 그 안에서 유의미한 지점을 확장할 필요가 있다. 학교조직 진단에서 기본적으로 보는 것은 크게 6가지이다. 인간관계, 리더십유형, 비전 공유, 기능구조, 보상, 지원체계이다. 이진단은 컴퓨터를 통하여 웹에서 이루어지며 학교 구성원 전수 내지표본을 통하여 하기 때문에 유의미한 결과를 도출할 수 있다. 또한그 결과치를 시각화하여 진단에 참여한 구성원들에게 제시함으로써학교 전반적 운영에 대한 피드백을 제공할 수 있다. 기본적으로 학교평가가 학교에 대한 피드백을 제시해 줘야 하지만 현실적으로 피드백을 주기보다는 또 다른 업무를 과중시키고 있는 상황이다. 이러한 현실을 고려할 때 3년에 한번 정도 '학교조직 진단'을 실시하고 그 결과에 대해 처방을 내리거나 교직원들이 이에 대해 앞으로 학교운영의 방향을 어떻게 수정해 나아갈 것인지 의견을 모으는 과정은 매우 긍정적 효과를 낼 수 있으며 이는 학교평가가 갖는 근본적인 목적과 부합한다.

**외부평가와 공통지표만으로 이루어진 평가를 지양한다.** 외부평가와 자체평가에는 일장일단이 있고 공통지표와 선택(자율)지표에도 마찬가지다. 앞에서 4가지 유형으로 분류하였는데 이는 A유형에 해당된다. A유형은 100% 외부평가이며 공통지표만으로 이루어져 있어 평가의 대상학교들이 각자 처한 상황 및 환경과는 무관하게 교육의 획일화를 조장하게 된다. A에서 D까지의 스펙트럼 중 각 지역 교육청의 현실에 맞게 또한 학교교육을 효율적으로 운영할 수 있는 방법에 대해 고민하고 취사선택하는 과정이 필요하다. 이는 연속적인 과정을 통해 다양한 스탠스를 유지할 수 있을 것이다.

**중요한 지점이지만 평가하지 않았던 영역에 대한 평가를 실시해야 한다.** 시대의 변화에 따라 교육적 요구가 커져가는 것들이 있다. 이러한 것들에 대해 평가함으로써 학교조직 및 운영에 대한 변화를 추구해야 한다. 아직 평가지표로 제시되진 않았지만 앞으로 중요성이 커져가는 대표적인 항목은 아래와 같다.

교육복지, 리더십 유형, 민주적인 학교운영 및 절차, 특수교육,

교육과정 재구성 등이다. 이런 교육적 접근에는 관계자들의 합의가 필요한 부분이 많다. 합의를 이루기 위해서는 함께 참여하여 토론하고 서로가 추구하는 교육적 가치의 중요성을 서로에게 나누는 과정이 필요하다.

어느 한쪽이 중요하다고 여겨서 이루어지는 평가가 아닌 구성원들의 합의를 통해 최근 그 가치가 커져가는 교육적 담론들을 평가지표로 담아내 현장 속에 녹여보려는 시도는 학교평가의 타당성을 높이는데 긍정적으로 작용할 것이다.


## 2. 학교평가 결과 활용방안

모든 평가의 결과를 활용할 수 있는 방법은 너무 자명하다. 평가 이후의 운영에 피드백 자료로 활용하고 차후 계획을 수립할 때 그 결과에서 도출할 수 있는 유의미한 값을 반영하는 것이다. 자명하지만 잘 되지 않는 것은 그만큼 쉽지 않다는 반증이 되는 것이다.

평가의 근본적인 목적에 맞는 효과를 내기 위해 선행되어야 할 것은 **평가 결과를 공유하는 것**이다. 기본적으로 평가결과에는 다양한 수치와 자료가 포함되어 있다. 그래서 가독성이 떨어지고 결과를 공유한다 하더라도 관련 지식이 없는 사람에게는 유의미한 결과로 받아들여지기 쉽지 않다. 이에 '학교조직 진단'과 같이 도표화된 결과로 공유되는 모형이 필요할 것이다. 결과의 공유가 적절하게 이루어질 때 구성원들의 관심과 참여가 늘어날 수밖에 없다.

또한 교육청과 교육부에서는 평가 대상의 학교와 교육청에서 실시하고 있는 우수사례를 발굴하여 현장에 공유함으로써 새로운 영감을 제공해 줄 수 있다.

이러한 결과의 공유가 활성화된 후 시도할 수 있는 방안은 **구성원들의 교육운영에 참여를 유도**하는 것이다. 선택(자율)지표를 선정하는 과정에서는 교육공동체(학교) 구성원들의 교육목적(철학)에 대한 합의가 있어야 가능하다. 구성원들의 참여가 촉진될수록 비전을 자연스럽게 공유할 수 있는 장이 열리게 된다. 현재 몇몇 시도에서 '민주적인 교육경영'이라는 지표를 선정하여 평가를 실시하는 곳(경기, 경남, 세종, 인천, 전북, 충북)들이 있다. 이러한 것들은 다른 특별한 사업을 통해서가 아닌 구성원들의 참여를 전제로 하기 때문에 학교평가 결과의 공유를 통해 이 모든 것들을 촉진시킬 수 있다.

# V. 결론 및 제언

효과적이며 효율적인 운영을 위해서 평가를 하는 것은 당연한 것이다. 하지만 교육이라는, 소위 계량화하기 쉽지 않고 가시적으로 그 효과가 나오기 힘든 분야에 대해서는 그 평가 방법에 대한 여러 가지 한계가 있기 마련이다. 이를 이유로 학교평가를 폐지해야 하는 것이 아니라, 연속적이며 보다 깊이 있는 연구를 통하여 학교운영에 직접적으로 도움이 될 수 있는 학교평가 방법에 대한 고찰과 연구가 필요하다.

하지만 최근 KEDI를 비롯한 각종 학술 연구 및 논문에서 2011년 이후로 관련 연구의 수가 확연히 줄어들고 있음을 확인할 수 있다. 그 한계성에 대한 결과일 수도 있겠지만 최근 학교평가 자체보다 추후 이루어지는 학교컨설팅에 대한 관심과 연구가 많아지고 있는 이유를 통해 역추론할 수 있을 것이다. 그렇다. 평가는 그 자체로의 목적보다는 평가를 통하여 후속적으로 진행될 개선에 그 목적이 더 크다고 할 수 있다. 진단의 의미가 크며 진단을 통해 구성원들 스스로 처방에 대한 방법을 숙고하는 과정 말이다. 이러한 과정은 어떤 한 사람의 역할이 아닌 모든 구성원들의 참여 속에 이루어지는 것이다. 학교조직문화 개선과 리더십 유형에 대한 패러다임의 변화 또한 효율적인 평가를 통해 이루어 갈 수 있을 것이다.

평가 방법은 C유형(공통지표+자율지표)이 주류가 되는 추세이지만 학교평가는 교육청평가로부터 자유로울 수 없는 상황이기에 학교평가의 내실화를 위해서는 교육청평가 지표에 대한 타당성을 확보하는 과정이 필요하다. 정부와 교육부가 하달하는 식으로 모든 평가지표를 제시하기보다 중점 사항이 될 수 있는 정책에 맞는 핵심 지표를 제시하여 큰 틀에서의 흐름은 맞춰가지만 각 지역교육청의 여건과 특색에 맞는 사업을 진행할 수 있도록 교육부에서 지원하고 선의의 정책적 경쟁과 보완을 통하여 상생하는 생태계를 만들어 가는 것이 중요할 것이다.

이를 위해서 교육부는 평가대상이 되는 교육청의 의견을 듣는 공식 창구를 마련하고, 교육청에서는 학교의 의견을 듣는 창구, 학교에서는 학교구성원(교사, 학생, 학부모)의 의견을 듣는 공식적이고 투명한 창구를 마련해야 한다. 이러한 큰 틀 안에서 교육청평가 및 학교평가가 이루어질 때 평가의 본래 목적에 맞는 결과를 만들어 낼 수 있을 것이며, 이를 통해 질 높은 학교경영 및 교육활동, 성과를 이룰 수 있을 것이다.

# 연구를 마치며

이 보잘 것 없는 수준의 연구이지만 '연구'라는 이름은 꽤 무겁고 부담스럽습니다. 교사가 학교 현장에서 실무를 담당하며 연구를 한다는 것은 정말 쉬운 일이 아닙니다. 일종의 변명일 수 있지만 학교에서 아이들과 함께하고 주어진 업무들을 처리하고 나면 녹초가 되곤 합니다. 말을 많이 하는 직업이라 그런 것 같습니다. 겨우겨우 남은 에너지를 긁어모아 연구에 임해야 하는데 생각보다 쉽지 않았습니다. 연구 역량에 대한 전문성도 많이 떨어지는 것도 사실입니다.

수업 연구는 당장 나에게 도움을 줍니다. 오늘 연수를 들으면 어떤 내용들은 당장 내일 수업시간에 활용할 수 있고 직접적으로 내 삶에 영향을 끼치는 것이 눈에 보입니다. 그렇기에 항상 수업 방법에 관한 연수에는 많은 선생님들이 모이는 것 같습니다.

하지만 정책 연구는 다릅니다. 우선 정책이라는 단어가 주는 거

리감이 있습니다. 우리가 아닌 특정 사람들의 몫으로 남겨두는 영역인 것입니다. 그래서 전문적 지식이 필요하다고 느껴지거나 나와 전혀 상관없는 것으로 여기게 됩니다. 물론 전문성도 많이 필요합니다. 하지만 정책이란 것은 결국 사람을 위한 것입니다. 현재 진행되고 있는 정책으로 인해 누군가 아프고, 힘들어하고 있는 것이 보인다면, 그 관점을 갖고 다가가는 것이 정책에 접근하는 가장 쉬운 방법일 것입니다. 그러니 전문 지식에 대한 부담은 갖지 않아도 될지 모르겠습니다. 아파하는 것은 전문성이 있어서가 아니라 내가 무엇인가를 아끼고 사랑하고 있기에 가능하기 때문입니다.

나는 내 수업을 아끼고 사랑하는데, 학생을, 학교를 그렇게 생각하는데 어떤 정책 때문에 그것들이 아파하는 것이 보이는 것입니다. 그 아파하는 것이 보인다면 당신은 이미 준비가 되어 있는 사람이라고 생각됩니다. 아파하는 사람들이 회복되는 것은 이에 관심을 갖고 이야기하는 사람들이 많아져야 가능한 것입니다. 그래서 저 역시 우리 정책팀 선생님들과 함께 이야기하며 우리의 소리를 내는 것입니다.

정책에 대해 고민을 하다보면 논리와 논리가 부딪치고 데이터를 다루는 것과 같이 건조한 작업의 연속입니다. 그 열매 또한 매우 희미해서 모든 행위에 대한 의미와 가치는 쉽게 사라지고 기계적인 일과 노동만 남게 됩니다. 동력을 잃기 쉬운 것입니다. 이러다 보니 정책에 관심을 갖는 사람들은 더 줄어들게 됩니다.

그런 의미에서 좋은교사에서 실시하고 있는 '연구실천 프로젝트 X'와 같은 일들은 큰 의미가 있습니다. 현장의 연구가들을 발굴하고 그들의 역량을 끌어올리는 긍정적인 효과가 크기 때문입니다. 또한, 그 누구도 시도하지 않은 일이기에 큰 박수를 보내며 감사의 뜻을 전합니다. 앞으로도 교사가 현장의 연구가로서의 삶을 살아갈 수 있는 문화를 만들어 가는데 큰 역할을 감당해 줄 수 있기를 기대해 봅니다.

본 연구는 2016학년도라는 특정 시기에 대한 일종의 횡단적 연구입니다. 하지만 본 영역의 특성상 종단적 연구가 필요하다고 생각됩니다. 2016학년도에 대한 연구는 이 글과 함께 마무리 되지만 앞으로 학교평가가 긍정적인 방향으로 운영되어 갈 수 있도록 꾸준히 연구하고 그 방법을 모색해가야 하겠습니다. 그 지점에 현장의 목소리가 배제되면 안 되기에 이러한 연구에 선생님들의 목소리가 많이 반영되기를 바라는 마음입니다.

# 참 고 문 헌

김경성 외(2004). 학교평가 국제 동향 탐색 세미나 자료집.

충청남도교육청. 2016학년도 자율·참여·성장의 학교자체평가 가이드북.

교육부. 2015년 시·도교육청평가 편람.

교육부. 2016년 시·도교육청평가 편람.

17개시·도 교육청 2016학년도 학교평가 기본계획.

한국교육개발원 (2009). 학교평가 공동지표 매뉴얼.

한국교육개발원 (2011). 학교평가 지표 보완 과제의 탐색.

대전광역시 교육청(2016). 대전학교평가 실태분석을 통한 타당성 제고 및 활용방안 제안.

김정민 (2010). 학교평가 개선 방안.

구자억 외(2011). 학교평가 사업보고서.

김주후 외(2006). 교육성과를 포함한 책무성 중심 학교평가 모형 개발 및 적용. 교육평가연구, 19(3), 21-43.

김희규(2012). 주요국의 학교평가 동향과 발전 과제 탐색. 한국교육학연구, 18(3), 213-233.

노경란(2010). 일본의 학교평가와 지방교육행정기관 평가. 제5회 원탁토론 학술심포지엄 자료집.

신상명(2001). 학교평가 발전과제 탐색. 비교교육연구, 11(2), 21-49.

정택희 외(2004a). 학교평가 종합발전방안 연구. 한국교육개발원 수탁연구 CR 2004

조석희 외(2006). 책무성 강화를 위한 학교평가체제. 한국교육개발원 연구자료 RM 2006-58.

홍창남 외(2011). 주요국의 학교평가 체제 변화 연구. 교육행정학연구, 29, 363-389.

OFSTED(2012). Are you ready for Ofsted? 2012, http://www.hertsf orlearning.co.uk/news/ are-you-ready-ofsted.

Owens, A. & Gail L. Sunderman(2006). School Accountability und er NCLB: Aid Obstacle for Measring Racial Equity? Policy Brief, October 2006. Civil RightsProject at Harvard Universi ty.